L'ARGILÈTE

REVUE DES ARTS ET DES LETTRES

Directeur de la revue :
Arthur Cohen

Envoyer vos textes à :
REVUE ARGILÈTE
Éditions Hermann. 6, rue de la Sorbonne – 75005 Paris

6, RUE DE LA SORBONNE – 75005 PARIS
WWW.EDITIONS-HERMANN.FR

ISBN: 978 2 7056 6832 7

illustration de couverture : Jongmyung Hwang, *Red-face*, 2007, dessin au stylo-bille sur papier, 120 x 145 cm (collection Dong-il Corporation, Seoul).

L'ARGILÈTE

NUMÉRO 1

COMMENT ÉVALUER UN TEXTE LITTÉRAIRE

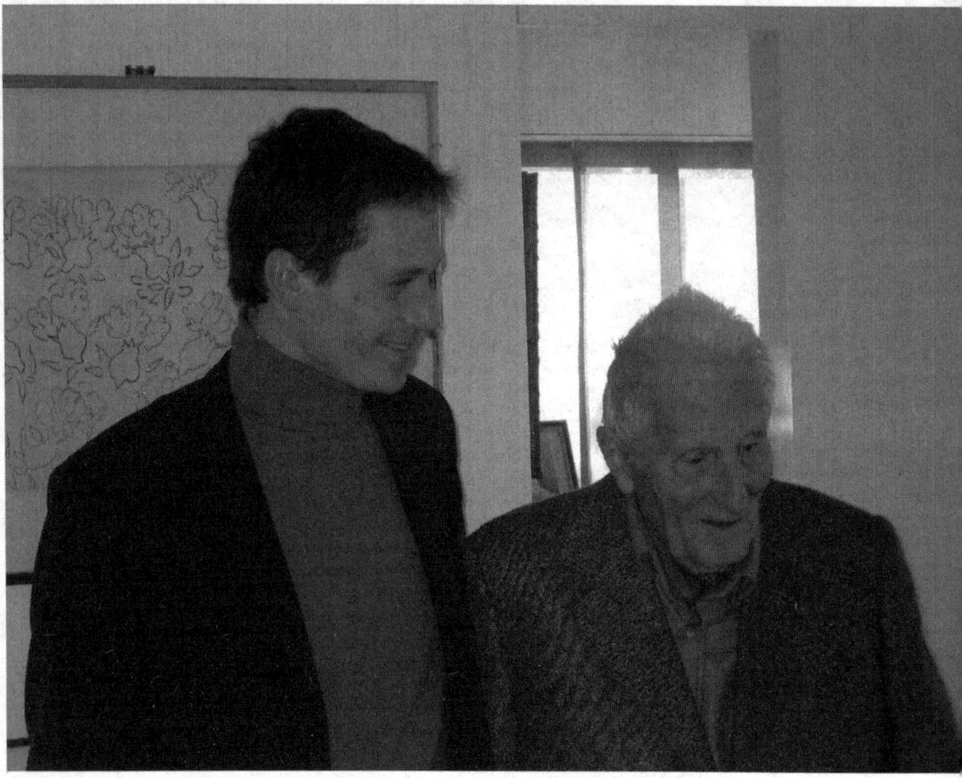

Arthur Cohen et Pierre Berès, rue Barbet de Jouy

PRÉSENTATION DE LA REVUE

À la mémoire de Pierre Berès,
qui aima cette revue
quand elle n'était encore qu'un projet

La voie de l'*Argiletum* était, dans la Rome antique, la rue qui allait du quartier de Suburre au Forum Romanum. Elle était le lieu où se rassemblaient libraires et marchands d'art, où lettrés, intellectuels, philosophes, rhéteurs, poètes, écrivains et artistes exposaient leurs nouvelles œuvres.

Le quartier de Suburre, où prenait naissance cette voie, était le plus populaire et miséreux de la Ville. Le Forum, en revanche, était le lieu du pouvoir politique, économique et religieux. S'y trouvaient le Sénat, la Curie et le Tabularium. Les Romains s'y rassemblaient, à l'air libre, pour y discuter toutes les décisions importantes. L'Argilète était donc la voie par excellence qui permettait aux indigents de se rendre à la place la plus importante de l'Empire romain. L'Argilète est, symboliquement, la rue de l'ascension sociale. Il est heureux de constater que cette rue est celle des arts et des lettres, du savoir et de la création, et que ce sont eux qui pavaient la voie de la réussite sociale.

Le long de l'Argilète, se publiaient (au sens où ils étaient rendus publics) les textes. De fait, par métonymie, l'Argilète est aussi le lieu de parution de la culture et de la civilisation, le chemin qui mène au Forum (étymologiquement « l'endroit en dehors », car il fut construit sur un marécage). Il me plaît que l'Argilète soit un chemin, un lieu de passage et de mouvement, non une place. Il est plaisant que l'Argilète soit un lieu de vie et de déambulation, non un site statique, immobile.

Il est intéressant aussi de considérer l'étymologie du mot *argiletum*, du moins celle que lui prête Virgile, dans *l'Énéide* (8-345) : l'*argiletum* est le lieu où est mort Argus, le géant aux cent yeux. La mythologie raconte la jalousie d'Héra à l'encontre d'Io, cette maîtresse de Zeus transformée en génisse par le dieu adultère pour lui épargner les foudres de sa femme. Héra aurait demandé à Argus Panoptès, « celui qui voit tout », de surveiller sa rivale. Ne redoutant personne, le géant Argus possédait cent yeux, qu'il ne fermait jamais en même temps. Ils lui permettaient d'être toujours alerté des menaces et lui donnaient une vision circulaire parfaite. Même le sommeil ne venait pas altérer ses qualités d'éveil et de garde : le géant Argus était capable de se reposer tout en maintenant sa prisonnière, Io, sous sa vigilance permanente. Zeus, désireux de retrouver son amante, confia à Hermès la mission de la lui ramener, coûte que coûte. Il fallut toute l'ingéniosité du dieu messager, protecteur des voyageurs et des voleurs, pour endormir complètement le géant : il lui raconta une histoire afin de le bercer. Sous l'effet magique du récit, le géant ferma un à un ses yeux, puis s'endormit complètement. Hermès put alors lui trancher la tête et libérer Io. L'Argilète, qui selon Virgile se situait à l'emplacement même de ce meurtre, est le lieu où la littérature est devenue une arme. Une arme de guerre, certes ; mais aussi une arme de libération.

L'Argilète est enfin le lieu où les passions tristes, telle la jalousie, deviennent belles : Héra récolta avec chagrin, sur le corps décollé de son ami geôlier, ses cent yeux et en décora le plumage de son animal fétiche, le paon. À l'endroit exact où les restes macabres d'une dépouille sont transfigurés en parure divine – précisément là où ce qui est voué à la décomposition devient l'ornement noble et beau de l'oiseau superbe et séducteur – l'Argilète s'est frayé un passage. La rue de la Rome antique est la métaphore du travail orphique de résurrection : en prenant sa source aux enfers, elle constitue le chemin grâce auquel ce qui n'est plus retrouve vie, dans une œuvre belle, sur le plumage d'un volatile ou dans une œuvre d'art.

C'est en se référant à tout cela, à ce pouvoir d'ascension, de libération et de transfiguration, que j'ai choisi de donner ce nom à la revue qui voit le jour aujourd'hui. Puisse-t-elle contribuer à redonner aux lettres et aux arts la place qu'ils occupaient dans la Rome antique – et qu'ils devraient retrouver.

Dans cette perspective, l'Argilète est conçue pour offrir une tribune à tous les artistes, écrivains, poètes, philosophes et intellectuels de tous bords, mettant de la sorte en dialogue des pensées et des esthétiques diverses voire opposées. L'Argilète se veut le média où, telle Héra qui recueillait les yeux du géant, on récolte des points de vue et des regards divers sur la littérature et les arts.

Arthur Cohen, le 7 avril 2007.

FONCTIONNEMENT DE LA REVUE :

Comme l'expliquait Walter Benjamin dans l'*Annonce de la revue* Angelus Novus, la justification d'une revue tient davantage à « ses fondements et à ses lois » qu'à « ses principes et à ses opinions[1] ». C'est pourquoi il est essentiel que nous exposions ce qui constitue nos règles de fonctionnement, qui fondent la véritable identité de *l'Argilète*.

La revue est construite autour d'un dossier central, qui donne son titre au numéro. Comme « la véritable destination d'une revue est de témoigner de l'esprit de son époque[2] », ces dossiers ont pour objectif de publier de brèves contributions permettant de *passer en revue* les idées les plus fortes – et les plus novatrices – sur le thème traité. Le panorama ainsi établi contribuera, nous l'espérons, à faire évoluer les conceptions courantes.

À côté du dossier central, la revue publiera des articles présentant un artiste contemporain, pour signaler son talent et la pertinence de son travail.

Chaque numéro sera aussi l'occasion de publier une ou plusieurs pièces littéraires, toutes brèves et inédites (quel qu'en soit le genre : nouvelle, pamphlet, pastiche, portrait...), pouvant avoir été composées par des écrivains à forte notoriété ou encore méconnus.

Enfin, la revue proposera aux esprits critiques un espace non limité pour s'exprimer : en autant de mots qu'ils le jugeront nécessaires, ils pourront proposer des lectures d'œuvres anciennes ou contemporaines, afin de porter un éclairage nouveau sur l'art ou sur la littérature.

1. Walter Benjamin, *Œuvres*, tome 1, Gallimard, folio essais, p. 266.
2. *Ibid.*, p. 267.

Littérature

Les Visites du comte de Luxe

par Guillaume de Sardes

nouvelle

Monsieur Carlin de La Combe était un petit homme court et gros, singulier au dernier point, d'une figure comique, de propos à l'avenant, indiscret, parfois même grossier, mêlé pourtant avec la meilleure société de Dijon ; avec cela, fort médiocre parlementaire, dangereux et malin. Il vivait seul avec sa femme, n'ayant pas d'enfant, dans un bel hôtel particulier sis rue du Grand Potet. On le soupçonnait d'être impuissant, à cause de sa voix flûtée et de son absence de barbe comme de tout autre attribut viril. Belle, intelligente, pleine de tact, madame Carlin était son exact contraire. Elle s'était attirée l'estime et l'affection des gens de bien, par sa douceur et sa conduite. Elle sortait et dépensait peu, buvait moins encore et ne jouait pas. Monsieur Carlin l'avait épousée en secondes noces, ce dont il se félicitait chaque jour. Cela, bien entendu, ne l'empêchait pas de la négliger. Il ne la rencontrait qu'aux repas, durant lesquels il ne lui adressait pas deux paroles. Qu'aurait-il bien pu lui dire ? Il avait trente ans de plus qu'elle et ne s'intéressait qu'aux affaires, dont les femmes, pensait-il, n'ont pas le sens. C'était d'ailleurs mieux ainsi : monsieur Carlin n'avait guère envie d'expliquer pourquoi la faillite de la Banque générale, inventée par John Law, venait de les ruiner. Il continuait donc de manger en silence et de s'enfermer dans son cabinet, pendant qu'en bas, madame Carlin s'ennuyait.

L'arrivée à Dijon du comte de Luxe allait troubler cette existence bien rangée.

Qui était le comte de Luxe ? À Versailles, une véritable coqueluche ; ici, rien. C'est ce qui (en plus de prouver que la renommée est une vieille dame casanière) oblige à dire quelques mots de sa vie. Enfant, on l'avait négligé. À la fin du XVIIe siècle, la mode n'était pas d'être de bons parents. Il avait été confié à un page de son père, officier aussi brave que borné. Ce gentilhomme lui avait appris l'exercice, et donné l'éducation littéraire dont lui-même aurait eu besoin. À douze ans, le jeune comte était allé étudier chez les jésuites, à quoi son génie vif et libre était fort peu propre. Il n'en avait ramené que quelques mots de latin et une façon adroite, insinuante et flatteuse de converser. Par chance, l'éloquence et l'esprit servent plus à la cour que la vertu et la connaissance des Écritures. À dix-huit ans, il était en faveur. Le Régent lui parlait volontiers, plaisantant même avec lui. Le comte était bien fait de sa personne, extrêmement aimable, goûté et recherché. Il n'y avait aucune femme qui ne se fît un plaisir de le fréquenter et qui ne se piquât de l'avoir connu. Le comte de Luxe était ce qu'il faut bien appeler un libertin. Durant plusieurs années, sa vie lui avait paru la plus agréable qui soit ; puis des réflexions étaient venues en troubler les voluptés et les amusements. Il avait tenté de les chasser, voulu s'étourdir par divers moyens ; il avait même essayé de ne penser à rien ; enfin, l'expérience lui avait appris qu'il serait toujours vaincu : les jésuites lui avaient inculqué quelques notions de morale, dont il ne parvenait pas à se défaire. Il lui avait fallu céder. Le comte avait demandé au Régent un moment d'audience : il lui avait avoué un besoin de retraite, de pénitence, qu'il n'aurait jamais la force de satisfaire tant qu'il vivrait à la cour. Philippe d'Orléans l'aimait, malgré la dissipation de sa vie. Il lui permit de se rendre à Dijon, où le comte avait une vieille tante. Cet accord obtenu, celui-ci avait immédiatement gagné cette ville. Il y avait tenu tout ce qu'il s'était proposé, ne voyant personne que sa parente, n'écrivant ni n'ayant de commerce avec aucune femme, se consacrant entièrement à la prière et à l'expiation – tout cela durant une journée, après quoi le comte de Luxe avait commencé de regretter cette folie. En même temps, il sentait bien qu'il y aurait quelque ridicule à retourner incessamment à Versailles : il fallait rester à Dijon, ne fût-ce qu'un mois. Afin de rendre ce séjour supportable, il avait décidé d'assouplir les règles de conduite qu'il s'était fixées, et d'abord de fréquenter dans le monde. Il s'en était ouvert à sa tante, qui, ayant fait bien des écarts dans sa jeunesse, l'avait compris à demi-mot et l'avait fait inviter chez monsieur et madame Carlin.

Voilà pourquoi le comte de Luxe était maintenant en train d'échanger avec ses hôtes les politesses d'usage. C'était en 1721. Le comte de Luxe venait d'avoir vingt-cinq ans.

Dès le début du dîner, le comte se montra plein d'esprit, de feu et de caprices, si bien qu'au bout d'une heure, madame Carlin ne put s'empêcher de dire que cet excellent convive faisait à lui seul tout le plaisir de la table. Le comte de Luxe se sourit à lui-même. La situation lui apparaissait clairement : monsieur Carlin, en plus d'être un très petit homme obèse, d'une figure assez ridicule avec un accent désagréable, ne se souciait guère de sa femme, quoiqu'elle ne méritât rien moins. S'il n'avait point d'enfants de ce mariage, c'est qu'il ne devait guère chercher à en avoir. Il l'imaginait, avec son air plat et glorieux, embrassant son épouse sur le front, lui souhaitant « bonne nuit » et avec cela croyant avoir tout dit. Lui n'entendait pas se contenter d'un front. C'est pourquoi il redoubla d'impertinence, badinant avec madame qui rougissait, plaisantant monsieur sur son physique et le faisant boire. Quand, se ressaisissant d'un coup, madame Carlin tentait de le ramener au respect des convenances, il feignait de n'en rien voir et remplissait à nouveau le verre de son hôte. Monsieur Carlin, qui vacillait déjà sur sa chaise, le vidait d'un trait, comme un ivrogne. De gaieté en gaieté, le comte de Luxe trouva plaisant de verser le contenu de sa tabatière dans son verre, pour voir quel en serait l'effet. Il fut rapidement éclairci : des vomissements prirent aussitôt le gros parlementaire, qui dut quitter la table. Lorsqu'il le vit se lever précipitamment, le comte de Luxe demanda à madame Carlin, d'un air simple et aisé, si monsieur son mari s'en allait en cuisine éplucher la salade avec les domestiques. Quoiqu'elle ne fût pas légère, madame Carlin ne put s'empêcher de rire. Le comte en profita pour lui prendre la main, disant qu'elle était un ange.

Le lendemain, le comte revint, tout comme les jours suivants. À chaque visite, il lui semblait que madame Carlin l'aimait un peu plus ; chaque fois, il se montrait plus audacieux. Le comte de Luxe était pressé de vivre. Assidu auprès de madame Carlin, il négligeait maintenant de présenter ses hommages à son époux. Lorsqu'il se rendait à l'hôtel de la rue du Grand Potet, il n'en dépassait plus le rez-de-chaussée. Il entrait sans se faire annoncer et retrouvait madame Carlin dans le salon. Au-dessus, le parlementaire travaillait dans son cabinet : le comte avait du tact, il se gardait de le déranger.

« C'est un petit gueux qui a peur de tout, qui a eu trop de bonheur et que je vais faire danser. » Ces mots venaient d'échapper au comte. Madame Carlin, qui avait deviné sans peine de quel « petit gueux » il était question, en fut stupéfiée. Le comte de Luxe sursauta à ses propres paroles, comme s'il sortait d'un rêve. Il pensa qu'il s'était perdu, chercha à s'en tirer par une pirouette ; les mots trébuchèrent dans sa bouche ; la bêtise était faite, il n'était plus temps d'y remédier. Madame Carlin le gifla, puis, sans lui laisser le temps de se remettre, l'émotion lui ayant fait perdre la tête, l'embrassa. Tout alla très vite. Le comte rendit ce baiser, renversa madame Carlin sur le canapé à décor d'Amours ; la robe le gênait, il la troussa ; la jeune femme se trouva à quatre pattes, le comte derrière elle, sans qu'elle sût rien dire. Il n'y avait plus moyen d'être sage.

Lorsque le comte quitta madame Carlin, un peu de fatigue avait appesanti les paupières de celle-ci, donnant à ses regards plus de langueur ; des rougeurs, çà et là, relevaient la blancheur de son teint : elle était délicieuse. Comment monsieur Carlin pouvait-il rester insensible à de tels charmes ? Le comte, qui était distrait, faillit le lui demander, quand il le vit descendre l'escalier. Lui-même s'apprêtait à partir. « Bonjour, monsieur le comte. » Monsieur Carlin l'avait pris par le bras. « Faisons quelques pas ensemble, voulez-vous ? » Il avait l'air soucieux. « C'est une chance que vous soyez là, j'avais justement un service à vous demander. » Monsieur Carlin hésita. « Me prêteriez-vous trois cents louis ? » Le comte de Luxe, qui avait quatre-vingt mille livres de rente, sans compter ce que lui rapportaient ses domaines, se piquait d'être magnifique. Peut-être aussi eut-il pitié de l'homme qu'il venait, comme aurait dit Molière, de cocufier. Quoi qu'il en soit, il répondit, tendant sa bourse : « En voici cinq cents. » Monsieur Carlin sourit avec tant d'avidité, il attrapa la bourse avec une telle prestesse, que le comte ne put s'empêcher de penser qu'il était un bien pauvre homme.

Chacun de nous a dans l'esprit des défauts. Plus son esprit est grand, plus ses défauts le sont. Non qu'on les méconnaissent, mais parce qu'on les aime. Le défaut du comte de Luxe était de trop s'estimer. Il ne pouvait imaginer que madame Carlin ne lui cédât pas toujours, puisqu'elle lui avait cédé une fois. Il fut vite détrompé. Lorsqu'il revint la voir, le lendemain, celle-ci fit preuve d'une réserve qui le surprit, l'amusa, le piqua, et enfin l'excéda, quand il comprit qu'elle n'en sortirait point. C'est à peine s'il obtint un baiser, et encore assez chaste. Pour couronner le tout, alors qu'il s'apprêtait à monter dans la voiture qui devait le reconduire, monsieur Carlin, surgissant d'on ne sait où pour le saluer, lui emprunta cinquante louis.

Le comte de Luxe n'avait pas décoléré de la semaine. Il s'était promis de ne plus rendre visite à madame Carlin, tant qu'elle ne serait pas revenue à de meilleures dispositions. Il avait attendu en vain. Heureusement pour lui, il était l'un des hommes les mieux faits de son temps : un beau visage et une grande mine ; des yeux vifs et pleins de feu ; un corps qu'on eût dit sculpté par Le Bernin : c'était beaucoup auprès de monsieur Carlin. Son épouse le savait mieux que personne. C'est pourquoi elle finit par écrire. Le comte de Luxe avait une longue expérience des femmes : il répondit sèchement. Elle écrivit encore. Il attendit. Enfin, vint une troisième lettre. Avant même de l'ouvrir, le comte savait que c'était une capitulation sans condition.

C'est cette lettre qu'il était maintenant en train de replier. Il venait de la lire à madame Carlin, dont le beau visage s'était empourpré. Lui souriait. « Vous feriez bien de donner une occupation à vos domestiques, afin qu'ils ne viennent pas interrompre nos plaisirs. » À ces mots, madame Carlin frémit. De peur ou d'impatience ? Peut-être un peu des deux. Quand elle revint dans le salon, le comte l'attira violemment contre lui. Elle essaya de l'embrasser, il refusa. Il avait pris sa main dans la sienne. Il la plaça sur sa brayette, en la regardant dans les yeux. Madame Carlin sentit une longue enflure sous le tissu ; elle détourna le regard. « Prends-la dans ta bouche. » Le ton était impératif. Madame Carlin hésita. Elle ne comprit ce qu'on attendait d'elle que lorsque le comte la força à s'agenouiller.

Lorsque comte de Luxe quitta l'hôtel particulier, la nuit tombait sur la rue du Grand Potet. Il était resté plus que de raison, mais ni lui ni madame Carlin n'en avait fait preuve durant l'après-midi. Et qu'est-ce qu'une folie, quand on vient d'en commettre mille ? Il n'en regrettait d'ailleurs aucune. Il était même si heureux de les avoir toutes faites, qu'il fredonnait un air de Lully, dansant presque en marchant. Les vicieux ne sont pas tels que les décrivent les prêtres dans leurs sermons ou les théologiens dans leurs ouvrages : trapus, mal bâtis, au gros visage rouge, bourgeonné, à grosses lèvres, avec un habit grossier, des cheveux gras qui leur battent les épaules, de gros pieds plats et des bas gris de porteur de chaise. Ce sont le plus souvent de fringants jeunes hommes, si aimables, si charmants, si jolis que l'on ne peut guère les comparer qu'aux anges. Aussi bien ne parle-t-on jamais du diable à leur propos que pour souligner qu'ils en ont la beauté. Le comte de Luxe se remémorait l'après-midi qu'il venait de passer en compagnie de madame Carlin. « Elle me plaît », pensait-il. « Elle me ferait presque oublier mes maîtresses de Versailles, tant sa gaucherie la rend piquante. Il est dommage qu'elle vive avec ce rat à deux pieds, qui lui sert de mari. Lui est infréquentable. Il n'y a pas deux jours, dirait-on, qu'il est passé à la savonnette à vilain.

Quand je pense qu'il a encore réussi à m'emprunter de l'argent. Et mille louis, cette fois ! » Le comte soupira. « Mais, Dieu, que sa femme est belle. »

Aussi étrange que cela puisse paraître, même après cette après-midi entière durant laquelle elle était passée par tout ce que le comte avait voulu, madame Carlin continuait d'avoir des scrupules. Tantôt elle lui cédait, complaisant à ses moindres désirs ; tantôt elle lui résistait, repoussant ses avances sans ménagement. S'il n'y avait guère de suivi dans son comportement, c'est qu'il n'y en avait pas plus dans ses sentiments. Un jour, elle était folle amoureuse ; le lendemain, elle avait honte de sa conduite et s'inquiétait des suites que l'aventure pourrait avoir. Cela dura deux semaines, deux semaines durant lesquelles ses dits et ses dédits usèrent la patience du comte. Il était maintenant à Dijon depuis un mois, la vie de cour commençait à lui manquer. Avec sa légèreté coutumière, il s'en expliqua à madame Carlin dans une lettre et, sans même lui dire adieu, rentra à Versailles. Cette lettre eut d'abord sur sa destinataire l'effet que l'on imagine : madame Carlin pleura ; elle en eut ensuite un autre, plus inattendu : madame Carlin frémit. À la fin de sa lettre (je dis lettre pour ne pas trop peiner madame Carlin, mais, en vérité, c'était à peine un billet griffonné à la hâte), à la fin de sa lettre, donc, le comte de Luxe évoquait une chose qui l'avait frappé : à chacune de ses visites, il avait, au moment de partir, rencontré monsieur Carlin dans l'escalier. À chaque fois ce dernier lui avait emprunté de l'argent. Le plus étonnant était que ces demandes, cinquante, cinq cents ou mille louis, avaient toujours été proportionnées aux faveurs qu'il venait de recevoir. Le comte de Luxe trouvait la chose piquante ; madame Carlin la trouva funeste. Un horrible doute l'avait prise. Il lui fallait savoir. Le jour même, elle profita d'un moment d'absence de son mari pour visiter son cabinet du premier étage. Elle fouilla partout, déplaçant les meubles et les tapis. Soudain, elle trouva ce dont elle avait, dans un vertige, subodoré l'existence : sous le bureau de monsieur Carlin, deux lattes de parquet disjointes formaient une fente, permettant de voir dans le salon, comme si on y était.

Dossier sur la valeur littéraire

Comment évaluer un texte littéraire

Élements de réflexion

Le paradoxe de l'évaluation

ou

Peut-on porter un jugement de valeur en littérature ?

Tous ceux qui se portent à faire part au public de quelques ouvrages doivent en même temps se résoudre à avoir autant de juges que de lecteurs, et cette condition ne doit leur paraître ni injuste ni onéreuse ; [...] ces divers jugements qu'on fait des livres sont extrêmement avantageux ; car ils sont toujours utiles lorsqu'ils sont justes, et ils ne nuisent de rien lorsqu'ils sont injustes, parce qu'il est permis de ne les pas suivre.
Antoine Arnauld et Pierre Nicole, *La logique ou l'art de penser*, second discours (Gallimard, collection Tel, pp. 19-20)

L'œuvre d'art n'est valable qu'autant que passent en elle les reflets tremblants du futur.
André Breton, Interview d'Indice, repris dans *Position politique du surréalisme* (Gallimard, Bibliothèque de la Pléiade, tome II, pp. 447-448)

Situation contemporaine : la littérature à l'âge démocratique

Selon Platon, la psychologie d'un homme est déterminée par le régime politique sous lequel il vit. Ses croyances, ses mœurs et ses valeurs sont définies par l'organisation et la nature du pouvoir politique. Ainsi, au livre VIII de la *République,* Platon dresse-t-il le portrait psychologique de celui qui vit en démocratie : l'homme démocratique, reconnaissant la raison égale en chacun, considère que toutes les opinions se valent. Comme chaque citoyen possède un droit à penser et à s'exprimer, il en découle naturellement que le démocrate se refuse à discriminer les croyances de ses concitoyens ou à reconnaître la prévalence d'une norme sur une autre. En conséquence, le propre de la démocratie, pour Platon, c'est l'*isonomie,* c'est-à-dire la pure et simple équivalence de toutes les normes. Il n'existe ni canon absolu ni loi nécessaire et évidente par elle-même. Le démocrate est l'homme du relativisme, celui qui ne sait ni accorder davantage de poids à certaines valeurs, ni discriminer entre ce qui se présente à lui, ni hiérarchiser les choses et les faits humains.

Il me semble que nous, lecteurs contemporains, nous trouvons précisément dans cette situation. Démocrates convaincus, nous sommes massivement atteints par le relativisme ambiant, qui permet à chaque lecteur de juger, avec péremption, la littérature actuelle. Ne faudrait-il pas plutôt admettre que tous les avis, comme tous les livres, ne s'équivalent pas ?

Le problème tient en partie au fait que, face à la très généreuse production littéraire, il est difficile de se repérer : comment savoir qu'un livre est bon ? Comment être sûr qu'il vaut la peine d'être lu ? La marque d'un éditeur n'est plus un gage de qualité : des textes médiocres peuvent être publiés dans des maisons prestigieuses, dont le sérieux peut être évincé, ne serait-ce que momentanément, par l'appât du gain. La difficulté qui en découle à situer les ouvrages sur une échelle de valeurs place tous les acteurs de la chaîne du livre (les lecteurs, les libraires, les journalistes, les éditeurs et même parfois les écrivains) dans le désarroi et la confusion, et entraîne méfiance et préjugés négatifs à l'encontre des textes contemporains : il est malheureusement fréquent de condamner un ouvrage sans l'avoir lu, ni même feuilleté. Et, vis-à-vis de nos écrivains contemporains, dans l'esprit de nombreux lecteurs, le mépris (la méprise ?) prend le pas sur l'admiration.

Pour remédier à cette situation, il m'a semblé important de revenir sur la notion de valeur littéraire, instance maintes fois invoquée pour juger, de façon rédhibitoire et hâtive, une œuvre.

QUELQUES DÉFINITIONS POUR COMMENCER :

Dans son acception étymologique première, le mot *valeur* renvoie à l'idée de santé : *valere*, en latin, signifie « être bien-portant, être en bonne santé ». Sénèque, par exemple, conclut souvent ses *Lettres à Lucilius* par l'expression « *Vale* » ou « *Cura ut valeas* », que l'on pourrait toutes deux traduire par « Porte-toi bien ». Toutefois, dans un second sens, *valere* peut caractériser l'état de celui qui est fort, puissant – voire l'action de régner. Cette seconde acception, plus large, nous permet de comprendre que la notion de valeur renvoie immédiatement à celle de hiérarchie ou, plus précisément, à l'occupation d'une position éminente dans une hiérarchie[1].

Cette première approche, philologique, permet de mieux comprendre la définition courante de nos dictionnaires, selon laquelle « la valeur désigne ce qui est enviable, désirable ». En tant que biens, la santé ou le pouvoir sont enviables. Celui qui les possède est par-là même *valeureux*. Si l'on considère (comme le faisaient les Romains) que la santé et la capacité à diriger sont des qualités constitutives de l'excellence humaine, on doit admettre que tout homme sain et puissant correspond au destin téléologique de l'homme et réalise la perfection de la nature humaine. Dans une moindre mesure, on a pu parler de la valeur d'un être humain en cherchant à le situer par rapport à sa fonction, à sa position sociale ou son métier. Ainsi la valeur d'un soldat (la *vaillance*) désigne sa bravoure à la guerre : « La valeur et la poltronnerie sont deux extrémités où l'on arrive rarement. » (La Rochefoucauld, Maxime 215).

LE PARADOXE DE L'ÉVALUATION :

La valeur est particulièrement difficile à saisir :

1. Elle caractérise ainsi un état de fait, susceptible de changer : le verbe *valescere* désigne l'action par laquelle on devient fort et on s'élève dans la hiérarchie. Pour les Romains, la valeur n'est jamais acquise une fois pour toute ; comme la santé ou le pouvoir, elle est susceptible de se perdre, d'être conquise ou recouvrée.

bien qu'elle renvoie à la qualité intrinsèque d'une personne (celle par exemple du soldat qui, effectivement, sait se montrer courageux et affronter les dangers), la valeur n'existe que lorsqu'elle est reconnue par un spectateur extérieur, seul juge de cette qualité. Or, ce spectateur ne reconnaît la valeur d'un soldat que de deux manières : soit en référant ses actes guerriers à l'idée que lui-même se fait du comportement exemplaire de tout soldat ; soit, si par exemple ce spectateur extérieur est officier et a sous ses ordres le militaire valeureux, en référant ses exploits à l'usage qu'il peut en faire, c'est-à-dire au gain qu'il peut espérer en tirer pour lui-même et pour son camp dans les batailles. Dans le premier cas, le jugement porte sur la *valeur absolue* du soldat ; dans le second, sur sa *valeur relative*. Dans le premier cas, le militaire serait plus ou moins valeureux en fonction de sa correspondance avec la norme de la bravoure ; dans le second, il serait, à sa mesure, un « homme de valeur », c'est-à-dire qu'il serait utile et aurait une valeur pour un but précis.

Dans un cas comme dans l'autre, la valeur d'un être (ou, plus généralement, d'un objet) n'est décelable que si l'on renvoie l'objet évalué à une instance extérieure à laquelle on puisse le comparer, mesurer l'écart qui les sépare et l'apprécier. Le principal paradoxe de l'acte d'évaluation est que, d'un côté, il prétend saisir la propriété intrinsèque d'un objet, mais que, de l'autre côté, cette propriété ne lui est décernée que de l'extérieur, de façon extrinsèque. La valeur n'appartient donc pas en propre à l'objet auquel elle se rapporte, mais semble lui être externe et comme inessentielle. Elle peut ainsi paraître contingente, voire arbitraire :

ce ne serait que par le libre-arbitre du juge extérieur que l'objet revêtirait une valeur plus ou moins grande.

Autrement dit, il ne paraît pas possible d'assimiler la valeur d'un livre aux propriétés essentielles qui le constituent (comme le nombre de mots qui le composent ou son titre), car la valeur littéraire ne semble pas pouvoir être considérée comme inhérente au livre. Elle ne lui sera attribuée qu'extérieurement, à la suite d'un jugement, plus ou moins légitime, qui fera état de la réception de ce livre par ses lecteurs. D'où le problème : si la valeur littéraire d'un texte n'est pas une de ses propriétés, peut-on la déterminer avec exactitude et en toute légitimité ? Et, si tel est le cas, comment le faire ?

Tel est le rôle de ce que nous appelons communément un *jugement de valeur* et que nous pourrions définir comme l'acte par lequel l'esprit compare un fait particulier à la norme censée le régir et l'apprécie à cette mesure.

Difficiles jugements de valeur

On ne peut dès lors parler de valeur que si l'on admet la légitimité d'un jugement de valeur. Or, tout jugement de valeur implique l'existence d'une norme à laquelle il puisse se référer. Pour que ce jugement soit légitime et juste, il faut que le juge connaisse cette norme, puisse évaluer par rapport à elle et entre eux des ouvrages particuliers, de manière impartiale et équitable.

Pour nous permettre de parler de valeur littéraire, c'est-à-dire pour nous permettre de porter des jugements de valeur sur des textes littéraires, il est donc nécessaire de se poser au moins deux questions : existe-t-il une norme permettant d'évaluer les productions contemporaines ? Et, si tel est le cas, qui peut tenir le rôle de juge ou d'évaluateur ?

LA SANTÉ LITTÉRAIRE OU COMMENT ÉVITER L'ÉCUEIL D'UNE CRITIQUE LITTÉRAIRE PERNICIEUSE :

L'enjeu de cette réflexion est capital puisqu'elle ébranle le statut de la critique littéraire, telle qu'elle se pratique aujourd'hui dans la presse et les médias. En effet, si, au terme de l'analyse, il apparaît impossible de juger les œuvres, de les évaluer et de les hiérarchiser, alors l'existence même de la critique paraîtra superflue, voire pernicieuse : la critique ne sera alors plus qu'un instrument médiatique au service de ceux qui savent en user pour promouvoir leur production dans un but commercial. En revanche, si la nécessité de *valoriser* la littérature est reconnue, le crédit porté aux critiques s'en trouvera renforcé : les journalistes seront alors investis d'une mission et comme mandatés pour déblayer le champ de la production contemporaine, pour jeter un éclairage sur les rayonnages opaques et sombres de nos bibliothèques. Une lourde responsabilité pèsera sur eux : ils devront éviter de tromper leur lectorat et le guider vers les œuvres de qualité.

LA TENTATION DE RENONCER À TOUTE ÉVALUATION

Devant les difficultés que soulève la question du jugement de valeur en littérature, on pourrait se dire : pourquoi parler de valeur ? Pourquoi ne pas renoncer à discriminer les œuvres littéraires ? Qu'est-ce qui nous pousse à maintenir de la différence en littérature ? Pourquoi ne pas s'abandonner pleinement au relativisme ambiant et admettre que toute œuvre a la valeur que lui reconnaît son lecteur, quel qu'il soit ? Pourquoi ne pas accepter toute production comme exprimant de façon équivalente une sensibilité particulière et unique ?

Certains ont tôt fait de revendiquer cette attitude pacificatrice : pour eux, l'essentiel est surtout de respecter l'unicité irréductible de chaque œuvre, incomparable à toutes les autres par essence. Il n'y a pas, disent-ils, de norme du beau en littérature, donc pas d'étalon commun à l'aune duquel mesurer la valeur d'un texte. L'impératif est alors d'accorder à chaque œuvre la même valeur, celle d'exprimer une singularité et de procurer du plaisir. La valeur littéraire réside dans l'usage que chacun d'entre nous, lecteurs, fait des livres qu'il lit ; elle est fluctuante, changeante et diverse en fonction des lecteurs et de leur humeur. Un jour, j'accorde plus de valeur à telle pièce de Molière, le lendemain à telle autre de Claudel. Par conséquent, plus de jugement de valeur : la qualité de chaque texte n'est plus une propriété qu'il aurait de façon intrinsèque, mais une propriété exclusivement extérieure, projetée sur le texte par le lecteur en fonction de ses intérêts du moment, de sa personnalité, de son état d'esprit...

Telle est la thèse du philosophe américain Richard Shusterman, qui identifie l'essence de l'art – en l'occurrence, de la littérature – avec l'émotion esthétique qu'il procure. Selon lui, l'art ne se définit pas par l'ensemble des objets produits à des fins artistiques, mais par l'émotion esthétique que procure ces objets chez ceux qui les contemplent : « l'œuvre d'art existe seulement comme une expérience individualisée[1]. » Par cette reconduction de l'art à l'expérience esthétique, Shusterman peut soutenir que l'art ne doit être apprécié que du point de vue de l'expérience, c'est-à-dire son usage fonctionnel. Un texte littéraire n'a pas alors de valeur en soi, mais uniquement pour le lecteur. La valeur d'une œuvre en général n'est pas autre chose que l'usage qu'on en fait, le plaisir qu'on en retire ou l'intérêt qu'on y trouve. Pas plus qu'une autre activité humaine, l'art n'a de gratuité : si on lit un livre, c'est parce qu'on espère en retirer quelques profits. Soit que les préceptes que ce livre recommande doivent guider le lecteur dans sa vie quotidienne ; soit que ce livre doive lui procurer un plaisir immédiat... Jamais personne ne lit ni ne contemple les choses gratuitement : aux yeux du philosophe pragmatiste, seule compte la valeur d'usage. Tout lecteur espère tirer un bénéfice d'un ouvrage. Ce bénéfice varie en fonction de la nature de l'ouvrage (il est évident que nous n'attendons pas la même chose d'un traité de sciences sociales que d'un roman) et, surtout, en fonction des attentes de chaque lecteur. Par exemple, lorsque je lis Octavio Paz, je peux le faire pour préparer

1. *L'art à l'état vif*, Édition de Minuit, Paris, 1991, p. 56

un voyage au Mexique, pour mieux comprendre la lutte antifasciste des populations hispanophones au XXe siècle, pour connaître ses théories sur la solitude comme « fond ultime de la condition humaine », ou, tout simplement, pour goûter son style poétique, couronné par le Nobel en 1990… Bref, la lecture n'est pas un acte neutre : elle est toujours orientée par les aspirations du lecteur, qui cherche dans un ouvrage, des éléments d'information, d'érudition, de réflexion, ou de jouissance. La philosophie pragmatiste prétend ainsi que la qualité d'une œuvre ne s'évalue pas : elle s'estime en fonction du (ou des) bénéfice(s) que chaque lecteur en retire. Le bénéfice sensuel et immédiat, l'émotion esthétique que ce livre procure, la jouissance que le lecteur en extrait, voilà ce que les pragmatistes identifient à la qualité authentiquement artistique – littéraire – du livre. De fait, selon Shusterman, la qualité littéraire d'un livre (que l'on lit essentiellement pour un usage esthétique), n'est pas autre chose que l'intensité de l'émotion esthétique que sa lecture déclenche ; émotion qui suscite l'estime esthétique du lecteur. Pour le pragmatiste, la qualité d'un texte est donc toujours émotionnelle et subjective : elle est intime et privée. Personne ne peut, légitimement, ériger la qualité qu'il reconnaît à un texte en une valeur qui s'imposerait à tous et qui s'appréhenderait davantage par l'entendement que par la sensibilité.

Autant dire que ce que propose Richard Shusterman n'est pas autre chose que la reconduite de tout jugement de valeur à un jugement de goût.

LA LITTÉRATURE : UNE AFFAIRE DE GOÛT ?

Le goût, en effet, est ce qui permet de savourer un texte, de prendre plaisir à sa lecture. Il est cette instance subjective dont les ressorts sont essentiellement psychologiques, par laquelle un être humain entre en empathie avec une esthétique donnée. Le goût est une simple inclination ressentie qui pousse à trouver agréable la contemplation de certaines œuvres. Il est par conséquent personnel et propre à chacun d'entre nous : par exemple, mon goût me porte à apprécier tout particulièrement la littérature épique, mais répugne à la lecture d'œuvres de science fiction. La littérature épique flatte mon imaginaire et mes penchants : elle sied à mon goût. J'éprouve ainsi beaucoup de plaisir à lire Malraux ou Hemingway. J'apprécie également certains récits épiques moins réussis, bien que le plaisir que j'en prends ne me fait pas oublier le peu d'estime que je leur porte : je sais que leur style est moins abouti, que leur construction narrative est trop sinueuse, trop laborieuse. Je prends donc plaisir à lire ces récits épiques de moindre qualité, mais je ne leur reconnais que peu de valeur.

Preuve en est qu'il est possible de goûter un texte sans lui reconnaître beaucoup de valeur – tout comme il est possible *a contrario* de savoir qu'un texte est bon, qu'il témoigne d'une exceptionnelle valeur littéraire sans en goûter la lecture : pour ma part, je sais que Philipp K. Dick est un grand écrivain, mais hormis quelques réflexions délectables que ses œuvres suscitent en moi, je n'éprouve aucune inclination immédiate ni aucun penchant pour ses écrits.

Le jugement de goût est donc tout sauf un véritable

jugement : il est une sanction *esthétique,* c'est-à-dire immédiate, affective, sensible et surtout subjective que tout lecteur (ou, plus généralement, tout contemplateur d'une œuvre d'art) exprime en fonction de sa complexion émotionnelle. Kant expliquait en ce sens que « le jugement de goût [n'était] pas un jugement de connaissance [ni] un jugement logique, mais esthétique, c'est-à-dire un jugement dont le principe déterminant ne peut être *rien d'autre* que *subjectif* »[1]. Le goût est trop partial et radical pour prétendre au statut objectif et équitable d'un jugement. Un bon lecteur doit savoir se rendre sourd à son propre goût, s'il veut évaluer, en toute justice, un ouvrage. À dire vrai, il me semble que le jugement de goût est ce à quoi se réduit l'expérience artistique de tous les amateurs néophytes, qui ne savent qu'apprécier ou condamner une œuvre à l'aune du plaisir qu'elle leur procure, en refusant peut-être de reconnaître d'autres critères d'appréhension.

Il ne s'agit pas pour autant de renoncer à nos goûts, à notre sensibilité. Comme Virgile le fait dire et chanter à l'amant Corydon : « Chacun cède au plaisir qui l'entraîne ». Une telle renonciation serait d'ailleurs peu souhaitable : elle reviendrait à opter pour une approche rationnelle et froide de la littérature. Il faut bien comprendre que le goût n'est pas ce par quoi nous devons évaluer un texte ; il est ce qui fera que chaque lecteur donnera plus ou moins de prix à tel ou tel texte en particulier ; mais chaque lecteur doit pouvoir évaluer un écrit sans pour autant

1. *Critique de la faculté de juger*, première partie, première section, livre I, "Analytique du Beau", premier moment, paragraphe 1, "le jugement de goût est esthétique". Kant souligne.

s'avouer sensible au charme littéraire qu'il dégage.

Un vœu pieux : sauver la littérature

De là le vœu pieux, exprimé à maintes reprises, notamment par Éric Vigne ou Richard Millet : il serait souhaitable, aujourd'hui, de ne pas renoncer à cette exigence essentielle de *valoriser* l'art et la littérature. Car, sans la possibilité de porter un jugement de valeur en littérature, cette dernière ne vaudra plus rien : banal objet de consommation au même titre qu'un hamburger ou une machine à laver, la littérature se réduira à n'être qu'un prestataire de plaisirs ou un fournisseur d'émotions, au même titre qu'un parc d'attractions, un jeu vidéo ou un camp de vacances. Elle ne sera plus considérée pour elle-même, mais uniquement pour son usage. Et Alain Finkielkraut aura alors raison de s'écrier que Shakespeare vaut bien une paire de bottes…

Pour résister à cette tendance de la société qui consiste à ne plus juger les productions artistiques que par le plaisir qu'on en retire ou par l'usage qu'on en fait – et, de la sorte, à amalgamer l'art avec une simple entreprise de loisirs – il faudrait disposer d'une norme légitimant les jugements de valeur.

À la recherche d'un canon littéraire pour le temps présent ?

Force est de constater que cet instrument normatif, étalon universel du beau en littérature, n'existe pas. Du moins, pas dans l'absolu. Car, si l'époque moderne est souvent jugée responsable de la mort de Dieu, la période contemporaine pourrait être incriminée de la dissolution de toute norme du beau en littérature. C'est elle, en effet, qui a su révéler que le travail d'écrivain n'était pas un simple métier. Si la création littéraire s'enseignait véritablement dans des « ateliers d'écriture », alors l'écrivain ne serait pas autre chose qu'un artisan plus ou moins talentueux. Il lui suffirait d'apprendre une technique, qu'il parviendrait à exécuter avec plus ou moins d'habileté. Mais la littérature n'est ni une science ni un savoir-faire. Elle ne répond à aucun mode d'emploi ni à aucune recette. Certes, la littérature nécessite un travail auquel il faut s'astreindre avec professionnalisme ; mais aucune méthode ne garantit le résultat qualitatif du travail produit. La littérature est avant tout tâtonnement. Elle requiert au moins autant de créativité intuitive que de rigueur disciplinée.

LES DIFFÉRENTS TYPES DE JUGEMENTS DE VALEUR

Le jugement de valeur en littérature ne peut donc pas procéder de la même méthode que dans d'autres activités régies par un simple savoir-faire : si je veux juger de la valeur des ouvrages d'un ouvrier mécanicien, il m'est possible de comparer son action et ses résultats à une norme qui est décrite dans les modes d'emploi fournis par les constructeurs. En mécanique – comme dans toutes les disciplines de ce type – le jugement de valeur procède essentiellement d'une opération de l'esprit qui consiste à comparer et à s'assurer de la conformité d'une exécution à un modèle préétabli. C'est là, d'ailleurs, le travail des « contrôleurs-qualité » dans les usines : leur rôle est de vérifier la conformité des pièces produites à leur prototype, qui fait office de norme. Ici, le jugement de valeur se fait par comparaison à un modèle déterminé et clairement identifié.

Certes, il peut arriver que cette norme ne soit pas déjà réalisée dans un modèle, comme, par exemple, lorsque l'on cherche à juger de la valeur des nouvelles inventions d'un ingénieur mécanicien. Il faut alors comparer ces inventions aux autres et examiner leurs performances réciproques. Ainsi est-il possible, pour le consommateur final d'évaluer par exemple la valeur d'un téléphone portable ou d'un ordinateur : telle machine a de meilleures performances que telle autre, c'est ce qui la rend meilleure. Là, le jugement de valeur se fait toujours par comparaison : non plus par rapport à un modèle, mais par rapport aux qualités d'autres produits similaires. Dans ce type de jugement de valeur, on examine les performances des différents produits *à l'usage* : ce téléphone a plus d'autonomie. Cet autre téléphone a de multiples fonctions (appareil photographique intégré, connexion à Internet...). Ce type de jugement de valeur est facilité par des critères clairement identifiables, et la comparaison se fait avec évidence par le fait qu'elle repose sur des critères objectivement mesurables.

Le procès paraît encore plus compliqué lorsqu'on s'intéresse aux conditions et modalités d'un jugement de valeur porté sur un ouvrage de mécanique dont aucun objet comparable n'existerait au préalable. Dans ce cas, il ne serait pas possible de renvoyer l'objet nouvellement créé à un autre similaire et préexistant, et le jugement de valeur ne découlerait pas d'une comparaison entre des produits ou entre des œuvres. La seule possibilité pour porter un jugement de valeur serait alors de *comparer* l'efficacité de ce nouvel objet pour remplir une fonction (par rapport aux autres moyens dont on disposait auparavant). On le comprend mieux par cet exemple : dans tous ces différents types de jugements de valeur, on ne juge que de la *valeur d'usage* – et non pas de sa *valeur esthétique*. Le problème de la valeur esthétique est qu'elle n'est pas facilement comparable, car elle semble manquer de critères objectivement mesurables.

En littérature donc, le jugement de valeur doit procéder différemment. On ne peut comparer *ex abrupto* les romans de Balzac avec ceux d'Aragon ou de Michel Houellebecq. Du moins une telle comparaison n'indique rien de leur valeur respective. Tout au plus nous permet-elle de différencier des esthétiques distinctes, comme le font les spécialistes de « littérature comparée ».

Le jugement de valeur, en littérature, n'est donc pas possible – tel du moins qu'il se pratique dans d'autres secteurs, par comparaison puis par estimation. La littérature, en effet, n'est pas réductible à des éléments mathématiquement quantifiables avec exactitude et précision. En littérature, le critère qualitatif semble disjoint de tout paramètre quantitatif. La question majeure, lorsqu'est porté un jugement de valeur en littérature, est la suivante : quelle légitimité peut avoir notre jugement de valeur ? Ou, en formulant autrement notre interrogation, qu'évaluons-nous au juste lorsque nous jugeons une œuvre littéraire ?

VALEUR LITTÉRAIRE ET VALEUR CULTUELLE :

Ce que nous évaluons me semble être le potentiel que possède un écrit à résister au travail destructeur du temps et aux contingences des goûts et des intérêts particuliers. Lorsque nous disons qu'un texte constitue un grand livre, il me semble que nous ne souhaitons pas dire autre chose que ce livre s'illustre par des qualités qui le font mériter d'être lu par *tous*. Lorsque nous déclarons, parfois de façon péremptoire, qu'un roman est un grand roman, il me semble que nous ne voulons pas signifier autre chose que ce roman a une vocation *universelle*, qu'il est capable d'excéder les penchants de chacun pour satisfaire tout le monde (sans pour autant que cette *satisfaction* soit de nature esthétique ou affective). Porter un jugement de valeur en littérature, c'est chercher à révéler la part d'universel que contient un texte littéraire. Autrement dit, le jugement de valeur en littérature a pour vocation de mettre en relief ce qui, dans un texte, peut réunir une communauté humaine, au-delà des disparités qui la composent.

Et en ce sens, on pourrait penser que la valeur littéraire d'une œuvre se rapproche de ce que Walter Benjamin appelait la « valeur cultuelle[1] » de l'œuvre

1. « La réception des œuvres d'art est diversement accentuée et s'effectue notamment selon deux pôles. L'un de ces accents porte sur la valeur cultuelle de l'œuvre, l'autre sur sa valeur d'exposition. La production artistique commence par des images qui servent au culte. On peut supposer que l'existence même de ces images a plus d'importance que le fait qu'elles sont vues. L'élan que l'homme figure sur les parois d'une grotte, à l'âge de pierre, est un instrument magique. Cette image est certes exposée aux regards de ses semblables, mais elle est destinée avant tout aux esprits.

d'art, c'est-à-dire sa capacité à forcer le recueillement – quasi mystique – d'hommes et de femmes, pour s'imposer comme un lieu de fondation et de rassemblement d'une communauté. De telles œuvres sont celles que l'on désigne fréquemment comme des « œuvres cultes » et qui participent à la définition d'une identité culturelle. Autour d'elles, des peuples, des nations ou des collectivités linguistiques et culturelles se réunissent. Les œuvres de Corneille, de Molière, de Victor Hugo et de tous ceux que l'on identifie aux « classiques » (c'est-à-dire les œuvres de ces auteurs que la nation considère comme faisant patrie de son patrimoine culturel et comme devant être enseignés à l'école) revêtent un caractère *sacré* pour la nation. Elles sont entourées d'une « aura », selon le mot de Benjamin, car elles sont le terreau et le ferment de l'identité nationale. Les célébrer revient à chanter cette identité collective et à renforcer les liens au sein de la communauté. On le comprend par ces exemples, la valeur des textes de Molière ou de Shakespeare excède leur simple valeur littéraire : ces textes sont bien davantage que des grands textes. Ils sont des

---

Aujourd'hui, la valeur cultuelle en tant que telle semble presque exiger que l'œuvre d'art soit gardée au secret. (...) À mesure que les différentes pratiques artistiques s'émancipent du rituel, les occasions deviennent plus nombreuses de les exposer. (...) Les diverses méthodes de reproduction technique de l'œuvre d'art l'ont rendue exposable à un tel point que, par un phénomène analogue à celui qui s'était produit à l'âge préhistorique, le déplacement quantitatif intervenu entre les deux pôles de l'œuvre d'art s'est traduit par un changement qualitatif, qui affecte sa nature même. » (Walter Benjamin, *l'Œuvre d'art à l'époque de sa reproductibilité technique*, version de 1939, Gallimard, collection Folioplus Philosophie, Paris, 2007, chapitre 5, pp. 21-23)

incontournables ; ils constituent le socle même d'une civilisation, et, au-delà, de l'humanité tout entière. *Valeur cultuelle* et *valeur littéraire* (ou artistique) ne se recoupent donc pas. Elles ne procèdent d'ailleurs pas d'une même démarche : la valeur cultuelle est accordée à une œuvre par une communauté qui se reconnaît en elle. En ce sens, elle dépasse le strict cadre de la valeur littéraire. Certains esprits iconoclastes se sont même amusés à relever ici ou là des vers de Corneille qui leur semblaient faibles et des phrases de Proust mal tournées... Mais il y a dans ces œuvres quelque chose de plus qui ne permet pas de les réduire à leur seule valeur littéraire.

Car la valeur spécifiquement littéraire, elle, ne s'institue pas. Nul critique ne peut la décréter : il n'appartient pas aux lecteurs – aussi nombreux soient-ils – de l'accorder à un texte. Elle est intrinsèque aux œuvres. Quand bien même des milliers de personnes clameraient unanimement leur adoration pour une vilaine œuvre, celle-ci aurait peut-être une valeur cultuelle mais elle n'en aurait pas pour autant une valeur littéraire et artistique. La valeur littéraire appartient au texte. Les lecteurs ne peuvent que la déceler, la révéler et la mettre en avant.

Le divorce entre valeur cultuelle et valeur littéraire n'est toutefois pas si prononcé. Car, sans valeur littéraire, un texte ne saurait faire perdurer indéfiniment son « aura ». La valeur littéraire est ce qui justifie, fonde et valide la valeur cultuelle. La valeur littéraire et artistique est précisément ce qui fait qu'un texte mérite d'être lu avec recueillement. Elle est au principe même et au fondement de la valeur cultuelle. Combien de textes, qui ont pourtant su susciter l'admiration de leurs contemporains, ne tombent-ils pas dans l'oubli ? Qui lit encore aujourd'hui les œuvres d'Honoré d'Urfé ou de Ponson du Terrail ? Ces textes, par l'engouement qu'ils ont su générer, ont eu, pour un temps, une valeur cultuelle. Mais, sans vraie valeur littéraire, ils n'ont pas su résister au temps et entrer dans la postérité. Leur dimension d'universalité n'était pas suffisamment forte pour cela. Sans valeur littéraire, la valeur cultuelle d'un ouvrage est aussi périssable qu'une pâquerette.

Une fois de plus, l'importance de juger de la valeur littéraire d'un texte apparaît : les jugements de valeur en littérature contribuent, à leurs mesures, à la constitution d'une mémoire et d'une identité collectives et au renforcement des liens au sein d'une communauté, d'une nation et de l'humanité. Mais une question revient sans cesse : comment découvrir la part d'*universel* que peut comporter un texte littéraire ? Comment révéler la potentialité qu'a un texte de prendre une valeur cultuelle pour les générations futures ?

QUELQUES INDICES POUR PERMETTRE UN JUGEMENT DE VALEUR :

On l'a vu, le jugement de valeur en littérature ne peut avoir la même précision ni la même exactitude que dans d'autres domaines du jugement : il ne s'exprime pas en termes quantitatifs. En littérature, juger, c'est certes déceler et révéler des qualités intrinsèques à l'œuvre, mais c'est aussi espérer dans le devenir de cette œuvre.

Dans ce travail délicat, le lecteur ne peut se prémunir d'une méthode systématique pour se mettre à l'abri d'une erreur de jugement. Il n'y a pas de recette pour juger un texte, car chaque texte est singulier. Rien de mathématique donc dans la démarche du critique. On pourrait dès lors penser sa tâche impossible, mais plusieurs indices peuvent l'aider à argumenter et à fonder son jugement. Je ne pourrai pas ici, faute d'espace, tous les passer en revue ni les commenter longuement. Mais j'en indiquerai quatre, qui me semblent mériter une attention particulière.

1/ Un premier indice d'évaluation, souvent mis en avant, parfois de curieuse façon et pour d'étranges motifs, est celui du succès commercial. De nombreux prix littéraires, par exemple, considèrent ce critère comme une condition *sine qua non* pour figurer sur la liste des ouvrages en lice : pour être éligible, un ouvrage doit impérativement pouvoir plaire au grand nombre. S'il n'est pas « grand public », aucun livre ne saurait être couronné.

Ce critère, qui tend à confondre la *valeur littéraire* avec sa *valeur marchande*, est facilement quantifiable : il suffit de calculer le nombre d'exemplaires vendus pour déterminer la valeur du livre. Marc Lévy ou Amélie Nothomb génèrent un chiffre d'affaires que certains ont tôt fait de convertir, par une curieuse règle de trois, en valeur littéraire et artistique. Pour ces critiques adeptes des chiffres qui identifient les bons livres grâce à leur chiffre de ventes (souvent faussés par les éditeurs eux-mêmes), la seule valeur littéraire qui vaille est celle que nous donne le marché : plus un livre se vend, plus le texte qu'il véhicule a de la valeur. Les limites de cette position semblent évidentes. C'est pourquoi je ne m'y appesantirai pas.

J'alerterai toutefois les lecteurs contre un rejet trop évident de ce critère : le snobisme aime à valoriser des œuvres obscures, qui peinent à conquérir leur lectorat. Pour certains auteurs, éditeurs ou critiques, parfois aigris de constater que leurs scores sont bien loin de leurs attentes, tout texte qui rencontrerait son public et séduirait un large lectorat, tout texte à succès serait nécessairement vulgaire, populaire et donc *sans valeur*. Ils aiment à se rassurer en pensant aux « happy few » qui, seuls, savent apprécier la « vraie littérature ». Je ne veux pas les contredire ni les contrarier davantage (ils le sont déjà suffisamment) ; mais je souhaiterais nuancer leurs affirmations. Certes, de nombreux livres à gros tirages peuvent paraître médiocres à certains égards. Mais est-il besoin de rappeler les tirages des textes de Hugo, de Céline ou d'Albert Cohen pour leur prouver que certains grands livres peuvent toucher un très large lectorat ? Ces livres qui rencontrent un grand succès ont, au moins, la qualité sûre de convenir à leurs contemporains. Ils ont souvent la qualité de la clarté et de la force narrative. Et quiconque s'est essayé à l'écriture conviendra que construire un récit n'est pas chose facile : cela requiert du talent et beaucoup de travail. De surcroît, ces livres à gros tirages jouent souvent sur les forces inconscientes de l'imaginaire collectif. Ils ont donc une valeur indéniable, même si, pour certains d'entre eux, nous pouvons regretter un manque d'ambition intellectuelle ou une pauvreté stylistique.

2/ Il est fréquent d'entendre également que l'originalité est garante de la valeur d'un livre. Je parlerai plus volontiers de la radicalité du propos. Une œuvre, en effet, s'intègre à une histoire, une tradition. Elle fait appel à d'autres textes. Qu'elle les reduplique ou non, elle s'inscrit dans une richesse intertextuelle. Comme l'explique Philippe Sollers, « tout texte se situe à la jonction de plusieurs textes dont il est à la fois la relecture, l'accentuation, la condensation, le déplacement et la profondeur[1] ». Son originalité ne saurait donc pas être le garant de sa valeur. Loin s'en faut : « Tout texte se construit comme une mosaïque de citations, tout texte est absorption et transformation d'un autre texte.[2] » En revanche, qu'un texte se fasse *radical*, qu'il mène au bout les possibilités d'une esthétique ou d'une conception, alors il devient le parangon universel d'une possibilité, alors il devient véritablement fondateur. Ce qui fait la force des œuvres de Sade, ce n'est pas leur originalité : de nombreux écrivains avaient déjà donné dans l'obscène. Mais personne avant Sade n'avait su aller aussi loin dans la description de l'érotisme violent. C'est par la radicalité de son propos que Sade est devenu une figure emblématique. La difficulté est donc, lorsqu'on porte un jugement de valeur, de saisir l'écart qui sépare un texte particulier de la tradition à laquelle il se rapporte : s'il y adhère, ce texte n'est qu'un amas de *topoï* ; s'il s'en démarque, ce texte peut ouvrir de nouvelles voies d'écriture et se révéler d'un intérêt tout spécifique. Encore faut-il remarquer que si la radicalité du propos peut signaler le caractère emblématique d'une œuvre, cette dernière propriété ne suffit pas pour nous permettre de considérer cette œuvre comme ayant une grande

1. *Théorie d'ensemble*, Seuil, Paris, 1971, p. 75.

2. Julia Kristeva, *Séméiotki. Recherches pour une sémanalyse*, Seuil, Paris, 1969, p. 115.

valeur : un même texte pourrait très bien être emblématique d'une esthétique ou d'une thématique, soit pour autant être bien écrit ou bien construit. Ainsi l'emblématicité d'une œuvre suffit parfois pour en faire un texte de référence, mais pas nécessairement un *texte de valeur*. Ainsi, si l'originalité et la radicalité du propos peuvent être des indicateurs de qualité, en aucun cas ils ne peuvent suffire pour définir la valeur littéraire.

3 / Un troisième critère de jugement pourrait être celui des qualités esthétiques d'un texte. Il s'agirait alors, pour le critique, d'en examiner ce qu'on appelle le *style*. Certes, la qualité d'une écriture doit entrer en ligne de compte : la force des images, la musicalité des sons, le rythme des phrases… Mais il est difficile de définir un « beau style ». Car le style consiste avant tout dans la recherche d'effets à produire sur son lectorat. Les figures de style, les tropes, ne sont que des effets. Elles fascinent et forcent l'admiration lorsqu'elles sont fortes et justes. Elles sont grotesques et confinent au ridicule lorsqu'elles pèchent par clichés. De plus, le raffinement plaît à certains, fatigue les autres. Certains voient dans la recherche d'effets des tournures alambiquées et complexes ; d'autres y lisent de merveilleuses tournures hypotaxiques. Plutôt que la qualité d'un texte, le style définit son esthétique, souvent reconnaissable et singulière. Le style est ainsi une affaire de goût, éventuellement de mode. Il ne saurait suffire à définir la totalité de la valeur littéraire. Toutefois la compréhension d'un style permet de mettre en valeur les effets recherchés par l'auteur. Le style n'a d'intérêt que s'il transcrit la conception

esthétique de l'auteur. En ce sens, l'analyse du style permet de faire la lumière sur le projet de l'auteur, sur ses conceptions esthétiques et son projet artistique. C'est du moins ce qu'explique Walter Benjamin pour qui toute *critique* pertinente (dont l'objet est de déterminer la valeur de vérité d'un ouvrage) présuppose un *commentaire* (c'est-à-dire l'examen précis de son contenu concret)[1].

4/ Car, en effet, un texte n'a de valeur que s'il *fait sens*. Un grand livre doit toujours être porté par un *projet* spécifiquement littéraire et artistique, qui cherche à explorer l'essence de la littérature, pour la renouveler. Un grand texte littéraire, comme une grande œuvre d'art, questionne son propre statut, sa propre essence.

Prenez, par exemple, n'importe quel romancier d'aujourd'hui qui se complaît, même avec talent, dans le récit de sa vie. Aussi brillant que soit son style, sa démarche reste plate : Sarraute a peut-être fait preuve de génie en inventant l'autofiction ; mais tous ceux qui s'y adonnent à sa suite, s'ils ne renouvellent pas profondément le genre, ne démontrent que la pauvreté de leur projet littéraire et les lacunes insurmontables de leurs ouvrages.

Il n'est pas de bon style (c'est-à-dire pas d'esthétique) si celui-ci ne renvoie pas à un projet qui l'éclaire et le valide. La plus belle figure de style, si elle n'est pas reliée à un projet qui lui donne son sens et son contenu, n'est qu'un pur exercice d'imagination,

1. Pour plus de précision à ce sujet, lire de Walter Benjamin "Les affinités électives de Goethe", in *Œuvres*, tome 1, Gallimard, collection Folio essais, Paris, 2000, p. 274 et *sq*.

insignifiant et presque sans valeur. Le projet est ainsi la norme grâce à laquelle le lecteur pourra donner du sens aux choix esthétiques de l'auteur et évaluer, en conséquence, l'œuvre littéraire produite.

Si, par exemple, *À la recherche du temps perdu* n'avait pas été conçu comme une épopée du roman qui est en train de s'écrire[1], sans doute ce livre n'aurait-il pas une telle valeur à nos yeux. Certes, il fallait tout le talent de Proust pour magnifier ce projet monumental dans un phrasé unique ; mais sans la volonté proustienne de concevoir son œuvre comme une robe, « en épinglant ici et là un feuillet » suivant un projet fort et ambitieux, peut-être ce style caractéristique ne nous aurait-il pas apparu dans toute sa splendeur. Le projet littéraire qui guide l'écrivain fait donc office de norme pour juger du résultat produit. Mais, bien évidemment, l'existence seule d'un projet ne suffit pas pour faire du livre qui l'illustre une œuvre de grande valeur. Encore faut-il que ce projet soit convaincant et pertinent et qu'il soit incarné avec bonheur dans une esthétique qui lui corresponde : si Proust n'avait pas eu un style aussi époustoufflant, peut-être son projet nous aurait semblé une construction trop élaborée, trop compliquée. Ce d'autant que, comme le rappelle Gaëtan Picon, « pour voir l'âme de l'œuvre, il n'est pas d'autre fenêtre que sa chair.[2]»

1. « Roman, la *Recherche* est même le roman d'un roman. Et pas seulement pour être le commentaire d'une narration : pour fonder le mouvement de la vie réelle sur une sorte d'anticipation romanesque. » (p. 58) Puis, plus loin : « Épopée d'un moi, soliloque du montreur d'images {...}, ainsi nous apparaît l'œuvre de Proust. » (p .99) in Gaëtan Picon, *Lecture de Proust*, Mercure de France, Paris 1963, réédité chez Gallimard, collection folio essais, Paris, 1995.
2. *Ibid.*, p. 148.

Bien sûr, cette liste de critères n'est pas exhaustive. Et, comme on l'a vu, aucun d'eux n'est suffisant par lui-même pour constituer le tout de la valeur littéraire d'un texte. Cette dernière est le résultat d'une subtile alchimie entre différentes composantes esthétiques et intellectuelles. Car tout grand texte littéraire promeut et exprime une esthétique. En ce sens, il porte en lui-même sa propre norme, ses propres critères d'évaluation. Ainsi un texte littéraire de valeur est celui qui *fait universellement autorité*, au sens où il fait reconnaître à tous, en un même geste créateur, une esthétique et une norme permettant d'évaluer le résultat de ce geste. Un texte de valeur est celui qui est l'œuvre d'un auteur proprement dit, un *auctor*, c'est-à-dire de quelqu'un qui sait faire autorité, qui sait concevoir un projet fort et radical et l'exprimer par une esthétique belle et adaptée.

La quête de Diderot : un Vertumne introuvable

On le comprend, la tâche de l'écrivain qui souhaite devenir *auteur* est difficile. Mais celle du critique qui cherche à déceler la valeur d'un ouvrage littéraire, que celui-ci soit un roman, une pièce de théâtre, un recueil de poèmes ou un récit autobiographique (la question du genre, comme toujours, importe peu), ne l'est pas moins. Le critique doit être un observateur fin et attentif. Il doit être sensible pour goûter une esthétique avec sensualité, et rationnel pour comprendre le projet de l'écrivain, en éprouver les failles ou en admirer la complexité. Il doit de surcroît être multiple, pluriel et polymorphe pour s'adapter à

ARTHUR COHEN

1978 : naissance.

2001 : agrégation de philosophie.

2003 : entrée en tant qu'éditeur aux Éditions Hermann.

2006 : devient Président des Éditions Hermann.

toutes les œuvres qu'il juge. Diderot déjà doutait qu'un tel homme existât : « [pour se révéler un parfait critique] savez-vous, mon ami, ce qu'il faudrait avoir ? Toutes les sortes de goûts, un cœur sensible à tous les charmes, une âme susceptible d'une infinité d'enthousiasmes différents, une variété de style qui répondît à la variété des pinceaux ; [...] et dites-moi où est ce Vertumne-là ?[1] »

N'étant pas Vertumne, devons-nous renoncer à évaluer la littérature ? Chacune des personnalités qui ont accepté de participer à ce dossier tentent de répondre à cette question. Je tenais à tous les remercier chaleureusement pour avoir contribué à ce numéro, qui n'aurait jamais pu voir le jour sans eux. Un grand merci donc à Marie-Pia Bureau, Eric Chevillard, Michel Deguy, Yannick Haenel, Pierre Jourde, Catherine Millet, Richard Millet, Yann Moix, Jean-Claude Perrier, Guillaume de Sardes, Josyane Savigneau et Philippe Sollers.

Arthur Cohen, Paris, Septembre 2008.

1. *Salon de 1763*, in *Essais sur la peinture, salon de 1759, 1761, 1763*, tome 1, Hermann, Paris, 2007, p. 181

Entretiens

Marie-Pia Bureau : La valeur littéraire au théâtre

Peut-on parler de valeur littéraire à propos d'une pièce de théâtre?

Prenons Racine. Admettons qu'il puisse nous agacer, le grand Jean de la Ferté Million, avec ses stratégies de pouvoir à peine déguisées dans ses scuds en cinq actes ; n'empêche qu'il ne s'en trouvera pas un pour dire, bouche dédaigneuse et voix de fausset : « pas un sou de valeur littéraire là-dedans ». Disons-le donc clairement : valeur littéraire et pièce de théâtre peuvent faire bon ménage.

Mais alors comment la définiriez-vous ?

Prenons Racine, toujours lui. Je peux lire *Bérénice* (admettons) et j'aurai plaisir à entendre résonner en moi les variations de ce long chant mélodieux. Je peux aussi aller au théâtre recevoir depuis l'extérieur les mêmes variations de cette partition, toujours un peu différente selon que les instrumentistes changent. Autant de mers continueront à séparer les mêmes amants mais les grains de voix, les corps, les lumières, l'espace feront réagir autrement le spectateur.

Postulat n°1 : un texte de théâtre est une partition que le lecteur déchiffre et se joue à lui-même ; une représentation de théâtre est une interprétation de cette partition pour le spectateur (moins actif dans le processus que le lecteur).

Un texte de Racine existe avec ou sans la scène, Racine n'est pas plus difficile à lire parce que c'est du théâtre. Pour le XVIIe siècle, c'est assez simple. Plus tard, ça se complique. De Marivaux (Marivaux aujourd'hui s'entend), on voit plus volontiers les textes qu'on ne les lit. Pourtant Marivaux, ce n'est pas difficile à comprendre, plein de subtilités, certes, mais pas difficile. Au XVIIIe siècle, l'emploi du verbe au théâtre a changé. Pour lire, le lecteur doit être autrement actif qu'il ne l'était pour Racine. Il faut penser la Comtesse disant son texte dans son habit de soubrette. Il faut se souvenir que tout ce qui est vrai dans telle scène, c'est le faux. Pour entendre, il faut trouver le bon tempo ; ça va vite Marivaux, ça parle trop, et le trop ici s'avère juste, le flot de la parole dit le vertige qu'il dissimule, mais encore faut-il l'entendre. Certains disent qu'il faut se représenter les personnages (ceux-là généralement n'aiment pas lire le théâtre). Ce n'est pas mon avis. C'est à la représentation de fixer, pour cette fois, la couleur de la robe de la Comtesse et le regard de Trivelin. Pour lire, mieux vaut abstraire. Une idée d'Arlequin suffit : l'idée d'un corps souple et d'un esprit malin. Il est inutile de lui donner chair, le mouvement se ressent de l'intérieur, au travers des fluctuations de la langue.

En 1832, déçu des représentations accueillies par des sifflets de sa première pièce *La Nuit Vénitienne,* Musset publie trois pièces regroupées dans un recueil intitulé *Un Spectacle dans un fauteuil.* Un théâtre non-destiné à la représentation qui évacue donc, semble-t-il, le spectateur au profit du lecteur. Il rejoint dans cette démarche d'autres auteurs tels Fontenelle, avant lui, ou, un siècle plus tard, Claudel avec son *Soulier de satin* (pièce qui, bien que longtemps réputée injouable, devint un spectacle marquant pour toute une génération à partir de sa création en version intégrale par Antoine Vitez dans la Cour d'honneur du Palais des papes d'Avignon en 1987). Il n'empêche, toutes les œuvres de « théâtre à lire » composées par ces auteurs prennent soin de planter un décor, ainsi qu'en témoignent les didascalies, de mettre en scène adresses et apartés, ce qui suppose que l'écriture n'est pas seulement destinée à un lecteur, mais plutôt à un public qui serait plus que simple lecteur. Au XIXe siècle, entre autres, la représentation circonscrite dans un temps donné est suspectée de n'être pas à la hauteur des potentialités du texte de l'auteur. Ce dernier juge les facultés du lecteur supérieures aux moyens de la scène. Le texte de théâtre est une partition écrite pour des instruments qui peuvent bien ne pas encore exister. Face à l'éphémère de la représentation, toujours soumise aux effets de mode d'une époque, le livre lui permettra de passer le temps.

Postulat n°2 : le texte de théâtre est en attente. D'un déchiffrage, d'une interprétation, peut-être même d'une représentation. Le texte de théâtre est partiellement irrésolu. Il le sera même toujours. Chaque nouvelle époque apportera de nouvelles solutions. L'irrésolu est un facteur important pour l'estimation d'un texte destiné à la représentation. L'irrésolu est une chance.

Quand on parle de théâtre, aujourd'hui commence à la toute fin du XIXe siècle avec Tchekhov qui, le premier bâtit des cathédrales de sons. Dans ses pièces, le sens des mots n'est pas limité à leur sens lexical. Il s'ouvre aussi au rythme de la phrase dans laquelle ces mots paraissent, au moment où le personnage les disent, à la manière dont ils font écho à ce qui s'est dit précédemment. Ce n'est pas qu'il n'y ait plus de fiction ; Tchekhov raconte bien des histoires. Mais ce qui fait le mouvement n'est plus l'action. Ce qui compte dans la pièce est moins ce qui est dit que ce qui se situe dans l'intervalle, dans la non-concordance entre ce qu'on dit et la situation dans laquelle on le dit. Tchekhov ouvre la voie à la dramaturgie moderne :

Postulat n°3 : désormais, c'est le son qui fait sens.
Pour prendre plaisir à lire le théâtre de Tchekhov, il faut avoir appris à écouter les silences, à en apprécier l'éloquence, à goûter une architecture qui tient particulièrement compte des vides de l'espace. À une époque où le roman s'est donné pour projet d'embrasser toute l'humanité ou tout l'espace de l'intime par une infinité de détails, descriptions, introspections, cohérence des causes et des effets, le théâtre prend une toute autre voie. Il faudra dorénavant raisonner par séquences : peu à peu disparaissent les actes ; il s'agit maintenant de « morceaux » ou de « tableaux ». Influence de la montée en puissance du cinéma ? Au XXe siècle, l'auteur de théâtre cadre et monte. Il agence des séquences sonores souvent prélevées dans le réel (le réel, on le sait, est souvent inouï) et les fait résonner. Dorénavant, il faudra savoir déchiffrer les partitions en oubliant les diktats de l'harmonie. Plus d'acte, plus de la linéarité, plus d'harmonie. Tout le théâtre du XXe siècle se caracté-

rise par de telles disparitions : disparition progressive des rois et des reines, des personnages aux grands destins, disparition des héros (même si l'histoire des arts se joue, s'est toujours jouée d'allers-retours… on pense à Koltès remettant au goût du jour le héro avec Roberto Zucco), disparition même des personnages au sens d'entités psychologiques, devenus des figures tendant à être désignées en début de livret par des fonctions sommaires (familiales « le Frère », « la Cadette » ; sociales « l'Employée », « le Patron » ; sexuées « Homme 1 », « Femme 1 »…). C'est l'antique chœur grec tout entier qui occupe exclusivement l'espace sonore. La parole est non seulement donnée mais centrée autour de ceux qui ne l'ont pas : paroles fragmentaires, hésitantes, parfois trouées. L'esthétique de la prépondérance de la mélodie, née avec le baroque et ayant trouvé son apogée dans le romantisme, reflue ; on en vient à des musiques plus anciennes, l'art du contrepoint retrouve de belles heures. Michel Vinaver qui a situé une bonne partie de son œuvre dans le milieu des entreprises, prenant celles-ci comme l'équivalent des champs de bataille de l'époque shakespearienne où se jouent les luttes pour le pouvoir et la question de la justice et l'injustice entre les hommes, dit pour sa pièce *Les Travaux et les jours* (1977) s'être inspiré des fugues de Bach… Lesquelles fugues peuvent avoir à faire avec la musique sérielle ; il n'est qu'à regarder les répétitions et reprises de Thomas Bernhard.

Arrivée là, je peux apporter une réponse à votre question. À mes yeux, selon les postulats 1, 2 et 3, un texte de théâtre aura une valeur si, à l'image d'une partition musicale, il contient une part d'irrésolu (en attente d'un déchiffrage et d'une interprétation) et si le sens des mots se double d'un sens des sons.

Peut-on, selon vous, appliquer ces critères au roman ?

Oui, surtout si l'on considère que la pièce de théâtre et le roman sont deux formes qui, à force de s'ouvrir, ont fini par se recouvrir partiellement. Depuis Beckett, la frontière entre les genres est devenue de plus en plus flottante. Il est courant qu'un auteur de théâtre s'entende dire que « ce n'est pas du théâtre » et, inversement, qu'un jeune romancier se voit refuser une publication au motif que son texte est fait pour être dit. C'est sans doute ce qui explique le succès des nombreuses « performances » qui voit le jour : lectures à haute voix par les auteurs eux-mêmes ou bien des acteurs dans des lieux de représentation qui ne sont pas toujours des scènes, formes mi-intimistes mi-spectaculaires qui font la joie d'un public qui trouve là une alternative réconfortante à la surenchère d'images saturées de couleurs, écœurantes, que présentent trop souvent la publicité ou la télévision. Peut-être que pour nombre de romanciers d'aujourd'hui, produire de l'implicite plus que de l'explicite, se ranger du côté de l'irrésolu et demander une participation plus grande au lecteur est une forme de résistance à cette saturation d'images, de signes et de sens sans fondement. Peut-être que ce sont sur des postures d'écrivains que les genres tendent à se dissoudre.

Iriez-vous jusqu'à dire qu'aujourd'hui le théâtre et roman se confondent ?

Non, évidemment. Si c'était le cas, les romans n'auraient pas besoin d'être adaptés pour la scène... J'ai, en outre, montré plus haut que théâtre et roman étaient deux genres dont l'évolution n'était pas synchronisée. Pour ne prendre qu'un exemple, tandis que le roman contemporain semble de nouveau prendre ses distances avec le beau style ou les grandes constructions, le théâtre de ces dernières années semble de nouveau être porteur d'une haute idée de la littérature. Il suffit de penser à Lagarce, l'un des auteurs les plus joués en France actuellement (mort encore jeune en 1995). Les phrases sont longues, là on trouvera un verbe au futur antérieur, la partition semble se dessiner sur la page avec des pleins et des déliés et pourtant ce n'est pas du vieux style. Simplement, « c'est écrit », comme dirait Marguerite Duras. C'est d'ailleurs à mes yeux un critère de valeur littéraire tout aussi important que ceux que j'ai mis en évidence plus haut. Il me paraît cependant plus facile à discerner, qu'à théoriser. Dire d'un texte « c'est écrit » reste avant tout une question d'oreille. Ici, il y a moins de règles que de cas particuliers. C'est pourquoi, j'ai choisi de ne pas m'y attarder.

Pour terminer, pourriez-vous nous dire, en tant que directrice de la scène nationale de La Roche-sur-Yon, quels auteurs de théâtre contemporain vous aimeriez particulièrement accueillir ?

Je crois aux vertus de l'éclectisme, non pas comme projet mou mais comme idée selon laquelle, à l'inté-

> **MARIE-PIA BUREAU**
>
> 1969 : naissance.
>
> 2006 : nommée directrice du théâtre de La Roche-sur-Yon.

rieur d'une discipline donnée (théâtre, roman, danse, cirque, arts de la rue, etc.), il y a des artistes qui creusent un sillon trouvant un écho dans d'autres genres qu'ils contribuent à nourrir pour l'avenir. Tout sauf l'esprit de chapelle. À l'intérieur de ce vaste programme, j'essaie de tendre un fil où la littérature a une place importante. Nous proposons des gros plans sur des auteurs de théâtre. La saison dernière ce fut Christophe Huysman, Jean-Luc Lagarce et Philippe Minyana. Cette année Rodrigo Garcia, Eleonore Weber, Bernard-Marie Koltès et Denise Bonnal seront mis à l'honneur. Une large place est ainsi faite aux auteurs vivants, dont l'œuvre est en cours d'élaboration, et une attention particulière est donnée aux « classiques contemporains », dont les premiers pourraient bien se réclamer. L'accueil d'artistes ne venant pas du théâtre est également privilégié. Ainsi en va-t-il d'Olivia Rosenthal, jeune romancière qui sera présente en pointillé cette saison, ou de Richard Morgièvre et Didier Daenincx qui viendront lire leur œuvre et parler de leurs processus d'écriture.

ERIC CHEVILLARD :
L'ÉCRITURE : L'AUTRE CORPS VISIBLE

Peut-on parler de valeur littéraire ?

On sait qu'il n'y a pas de valeur sans évaluateur, du moins pour ce qui concerne les créations humaines, puisque la question de savoir, par exemple, si le monde, la nature ou un écosystème donné ont une valeur en l'absence d'un sujet conscient qui les perçoit se pose d'emblée aux philosophes qui consentent à considérer l'éthique environnementale comme un champ de réflexion digne de leur attention. Dans le cas de la littérature, le terme de *valeur* est plus facile à définir, et il est évident que l'homme en est bien la seule mesure. Nous ne savons même appréhender un texte autrement qu'en portant sur lui un jugement de valeur, qu'il prenne la forme d'une adhésion (oui, c'est bon) ou d'un refus (non, c'est mauvais) simples et non argumentés, ou qu'il s'articule plus savamment et procède d'une vision critique élaborée. Cependant, si les textes ne possèdent pas de valeur intrinsèque, indépendante de tout regard, on doit considérer que certains livres accèdent à un statut différent qui les dérobe d'une certaine façon à l'évaluation personnelle. *Don Quichotte,* tous ces livres que l'on appelle les classiques ont une valeur qui ne tient plus seulement à la lettre du texte mais à la place qu'ils occupent dans notre histoire et notre imaginaire.

Comment juger de la qualité d'un texte ?

C'est évidemment là que la difficulté commence. Nous avons d'un côté le texte, de l'autre, l'évaluateur. Ils se toisent, pourrait-on dire. Et lorsque nous contestons la qualité d'une œuvre, il se peut que notre défaut de jugement soit en cause. La confusion est tantôt dans le livre, tantôt dans le cerveau embrumé du lecteur, et la posture de juge met parfois très cruellement ce dernier point en évidence. La tablée de critiques de l'émission *Le Masque et la Plume* en apporte la démonstration avec une constance qui vaut loi. On pense alors irrésistiblement à cette remarque de Lichtenberg : « Un livre est un miroir : si un singe s'y regarde, ce n'est évidemment pas l'image d'un apôtre qui apparaît. » Voici donc la critique littéraire confiée à des singes et à des perruches – encore suis-je injuste car, si tel était vraiment le cas, les uns évoluant dans les branches et les autres dans les airs, leurs échanges ne voleraient pas si bas. Oublions-les, même si votre question pourrait nous inviter aussi à réfléchir sur la légitimité de toute instance critique, ce qui la fonde et la justifie. Plus généralement, je pense que nous devons distinguer deux tentations dans notre rapport au texte. Une première approche critique tend à l'objectivité et s'efforce de juger un livre en fonction de ce qu'il prétend être – cela est facile, les intentions d'un auteur étant toujours repérables. Il ne reste alors qu'à mesurer l'écart entre celles-ci et le résultat obtenu. Plus l'écart est mince, plus le livre est bon, en tous cas réussi. Je peux, par exemple, estimer que tel livre de Julien Gracq ou de Claude Simon est un chef-d'œuvre et ne pas pour autant en tirer un grand profit personnel. La deuxième forme de critique sera dite terroriste. Nous jugeons un livre en fonction de notre propre système de valeurs, ce que nous attendons de la littérature, les buts que nous lui assignons et, par conséquent, lorsque l'on est un écrivain soi-même, selon les principes que nous défendons dans nos propres livres. À la fin des fins, il nous faudrait sans doute reconnaître que la seule œuvre parfaite à nos yeux est la nôtre... Heureusement, d'autres considérations (relevant notamment de cet écart vécu par l'auteur comme un écartèlement entre ce qu'il avait projeté et ce qu'il a écrit) viennent opportunément tempérer ce sentiment d'autosatisfaction...

Vous proposez de juger une œuvre en examinant la distance qui existe entre son projet et sa réalisation. Pensez-vous qu'on doive nécessairement avoir un projet littéraire ambitieux, pour être un grand écrivain ?

Dès qu'il s'agit bien de littérature, le projet est ambitieux, puisque l'écrivain se propose de rendre compte de son expérience du monde et de la vie et qu'il doit, pour y parvenir, soumettre la langue afin qu'elle épouse les moindres inflexions de sa pensée, de sa conscience éprouvée. Alors l'écriture est pour lui comme un autre corps visible, exposé, réellement engagé dans le réel, un corps de plus en plus entraîné, réactif, combatif, capable de se défendre et de riposter. Dans cette perspective, un projet littéraire ambitieux n'est bien sûr pas nécessairement celui qui se donne d'emblée comme tel en s'attaquant aux grands sujets dûment répertoriés depuis la tragédie grecque. Ponge se saisit du savon et la littérature fait sa toilette.

Vous dites que les intentions d'un auteur sont toujours

repérables. Est-ce vraiment toujours le cas ? Peu de personnes, par exemple, sauront lire le dernier livre de Pascal Quignard, La Nuit sexuelle, *pour ce qu'il est : un dialogue avec la théorie lacanienne. Faut-il souhaiter qu'un auteur commente ses propres œuvres, comme l'a fait Montherlant ?*

Je pense en effet que l'on pressent au moins dans quelle direction va l'auteur, à quels livres essentiels par exemple il se confronte et quelle perfection il vise. Mais il va de soi qu'une œuvre n'est jamais totalement élucidée par le lecteur. On peut au reste supposer que l'auteur obéit également à des injonctions secrètes dont il n'a pas une claire conscience et qu'il a sans doute intérêt à ignorer puisqu'elles lui donnent aussi l'énergie nécessaire pour écrire. Je suis par ailleurs le premier à agiter délibérément des leurres dans mes livres pour tenter de dérober au lecteur mes intentions, tout en souhaitant bien sûr qu'il les découvre, mais parce qu'il me semble qu'il doit écarter ces leurres pour se mettre en condition de vivre l'expérience de conscience qui lui est proposée. Toute sa vigilance est requise. Mon roman intitulé *L'Œuvre posthume de Thomas Pilaster* oblige ainsi le lecteur à se prononcer sur la qualité des textes attribués à Pilaster et au sujet desquels il ignore mon opinion. Quant aux commentaires d'un écrivain sur ses livres, puisque nous y sommes, ils sont intéressants comme prolongement de ces derniers, fictions théoriques participant de l'œuvre. Il ne faut surtout pas en attendre le fin mot la concernant, ni même dans le cas si particulier de Roussel.

Faites-vous référence à son ouvrage Comment j'ai écrit certains de mes livres, *paru en 1935, deux ans après sa mort ?*

Oui. Il y donne des clés pour comprendre sa méthode, mais certaines d'entre elles verrouillent mieux encore son impénétrable système poétique...

Que vous appréciiez Raymond Roussel confirme votre idée selon laquelle un auteur admire les écrivains qui lui ressemblent (puisque leur œuvre se rapproche de la sienne, la seule parfaite). Comme la vôtre, l'œuvre de Roussel ne ressemble à aucune autre. Pensez-vous que l'originalité soit un signe de valeur littéraire ?

Si mes livres vous évoquent ceux de Roussel, n'est-il pas paradoxal d'affirmer dans le même temps que nous sommes l'un et l'autre, voire l'un comme l'autre, uniques et sans pareils ? Je comprends bien votre question mais je ne suis pas certain que l'on puisse trouver tant de rapports entre nos livres que vous le laissez entendre. Je dis cela en rougissant, car la comparaison me flatte et, s'il serait ridicule de l'accepter comme allant de soi, il est sans doute plus présomptueux encore de ma part de la refuser. Je supposerai donc que certaines pages de l'un et de l'autre peuvent déconcerter de la même manière. Cela est d'autant plus intéressant qu'elles ne procèdent pas du tout du même principe. Roussel obéissait à des méthodes très strictes, à une logique à la fois maniaque et folle, tandis que les accélérations délirantes que l'on trouve dans mes livres se produisent au moment même où j'écris, parce que s'ouvre dans la phrase une possibilité d'émancipation ou d'aventure. Et la seule aventure que je raconte est à chaque fois celle du récit lui-même, l'aventure d'écrire, ou plus exactement l'aventure d'exister en écrivant, à ce moment-là et de cette manière. C'est pourquoi nul autre que moi n'écrira mes livres. C'est aussi pourquoi je préfère les écrivains monstrueux, dont chaque mot semble-t-il est un hapax, à certains romanciers parfaitement maîtres de leur art et qui vous décrivent une tempête ou une passion amoureuse sans perdre une goutte des embruns et des larmes qui ruissellent sur les visages de leurs personnages. Mais il faut ici lever un malentendu. L'originalité n'est pas volonté forcenée d'excentricité ; elle est l'expression sans mélange d'une voix qui ne saurait devenir autre par imitation. Je suis très agacé, je l'avoue, lorsque l'on parle d'exercices de style à propos de mes livres. Il n'y a rien de cela. L'exercice serait pour moi de m'astreindre à décrire platement le réel, un exercice et une corvée d'ailleurs. L'originalité ne suffit pas à faire un bon livre, mais un livre intéressant, oui, certainement. En cela elle est un signe de valeur littéraire, je le crois. Pour une autre raison aussi : comme de tels livres s'écartent de la norme, ils possèdent une puissance comique à la mesure de cet écart, pas toujours absolument consciente et assumée, d'ailleurs, mais dont je suis personnellement avide et avide encore.

Je vous accorde volontiers que, comme écrivain, vous ne ressemblez en rien à Raymond Roussel, si ce n'est, peut-être, que vous aimez comme lui jouer sur les mots. Bien que l'originalité soit, selon vous, un signe de valeur littéraire, elle suscite souvent des réactions violentes. Céline a été attaqué comme l'est aujourd'hui Christine Angot. Doit-on en conclure que leurs œuvres sont de valeur égale ?

Christine Angot est une frimousse télégénique de plus, je ne vois pas très bien où réside son originalité. Et d'ailleurs, pardon de vous contredire encore une fois, mais elle est très aimée, choyée, cajolée, considérée, les journalistes en ont fait une de leurs reines. Il y a juste quelques amateurs de littérature qui ne sont pas fous d'elle. Puisque nous parlons de valeur, ce qui me frappe le plus aujourd'hui, ce n'est pas tant l'absence d'écrivains audacieux ou d'œuvres ambitieuses, il y en a, mais l'émoussement du jugement critique, le manque total de discernement, qui sont à l'origine de cette impression de confusion et de désastre. Des éditeurs traditionnellement littéraires publient sous la même couverture des écrivains importants et des imposteurs dont on ne sait même plus s'ils sont des faiseurs ou des produits, et qu'ils imposent grâce aux bonnes vieilles recettes publicitaires éprouvées dans les milieux de la variété et du cinéma. N'êtes-vous pas surpris par l'arrivée subite et simultanée en littérature de tant de très jolies jeunes femmes et de beaux gosses ? Y aurait-il désormais des castings dans les maisons d'édition ? Autrefois, les écrivains étaient laids. C'était bon signe. Dans cette surproduction, on ne remarque pas les auteurs les plus remarquables mais les plus voyants, personnages exaspérants pour la plupart, mais après tout il n'y a pas de raison que la littérature soit épargnée par ces phénomènes qui touchent tous les autres domaines. Bien sûr, rien de tout cela n'est anodin. Nous laissons advenir un monde déprimant. Ne nous étonnons pas de nous sentir parfois si écœurés, si tristes. C'est exactement comme vivre dans le champ électromagnétique des lignes à haute tension, au début on ne sent rien, trois ans plus tard on est mort.

Pensez-vous que dans ce monde sans repère, où, comme vous le dites, un éditeur publie le meilleur comme le pire, où un journaliste juge un livre sans l'avoir lu, où les prix littéraires sont (pour la plupart) discrédités, il puisse exister des personnes dont le jugement critique ait une vraie légitimité ?

Il y a d'abord le lecteur lui-même qui est une instance de jugement irréductible même si sa propre tournure d'esprit fait jouer jusqu'à un certain point le livre dans son cadre. L'ouvrage que l'on referme n'est plus cet objet de série acheté la veille chez le détaillant. Il est devenu unique. Coffret précieux qui contient des souffles et des regards. Mais cette expérience de lecture subjective ne possède pas la légitimité d'un jugement critique bien compris, étayé et argumenté, tel que vous l'entendez. Celle-ci ne se trouve plus guère aujourd'hui qu'à l'université. Des professeurs de plus en plus nombreux (et sous leur impulsion, des étudiants) se penchent sur la littérature contemporaine. Je constate qu'ils ne se laissent pas facilement duper et que les œuvres qu'ils repèrent ont toujours de la consistance. De la littérature pour professeurs, dira-t-on immanquablement. Remarque insultante pour tout le monde. Pour les professeurs d'abord, qui ne sont pas essentiellement professeurs, qui sont devenus professeurs parce qu'il leur est apparu que cette recherche et cette étude méritaient qu'ils y consacrent une partie de leur vie. Pour les lecteurs surtout, que l'on suppose une fois encore incapables de lire autre chose que la sélection annuelle d'un collège de vieilles barbes (inutile de vous dire que je désapprouve cette comédie rituelle des prix qui fait passer la littérature pour une gentille petite élève bien coiffée et vraie fayote avide de bons points). Remarque insultante, enfin, pour les écrivains en question, que l'on croit disqualifier en laissant ainsi entendre qu'ils sont illisibles et ennuyeux, alors que si ces critiques universitaires questionnent leurs livres, c'est bien au contraire parce qu'ils y trouvent du nouveau, de l'inédit, et de la puissance. La curiosité, l'excitation et l'audace ne sont pas toujours où l'on croit. Ce sont eux, ces critiques, qui vivent avec leur temps, ne nous y trompons pas.

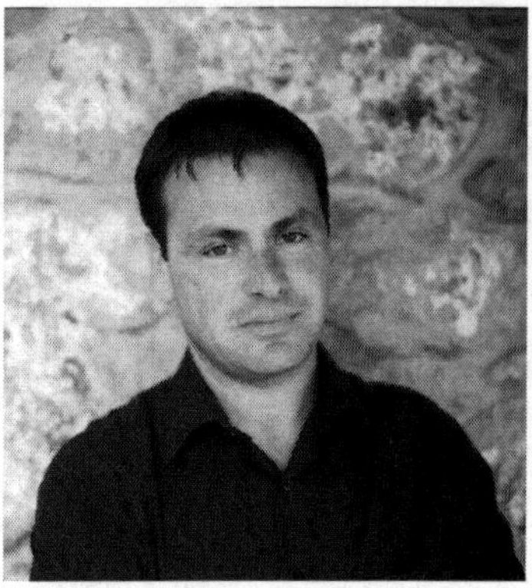

ÉRIC CHEVILLARD

1964: naissance à La Roche-sur-Yon.

1987: publie *Mourir m'enrhume.*

1990 : *publie Palafox.*

1993 : *La Nébuleuse du crabe.*

1994 : *Préhistoire.*

1999 : *L'Œuvre posthume de Thomas Pilaster.*

2001 : *Les absences du capitaine Cook.*

2002 : *Du hérisson.*

2003 : *Le Vaillant petit tailleur.*

2005 : *Oreille rouge.*

2006 : *Démolir Nisard.*

2007 : *Sans l'orang-outan.*

2009 : à paraître : *l'autofictif.*

MICHEL DEGUY
ORIGINALITÉ, CONSERVATION ET PARTAGE

Qu'est-ce que la valeur littéraire ? Comment peut-on la définir ?

La question est difficile. Tout spécialement aujourd'hui. Car nous vivons une époque où, d'une certaine manière, il n'est question que de valeurs. Partout et à tous instants on entend s'exclamer : « Quelles sont nos valeurs, quelles sont vos valeurs ! » Il n'y a pas de mot plus employé que celui de *valeur*. Je commence par vous répondre ainsi, parce que c'est important : les politiciens, les moralistes et tous les autres s'envoient quotidiennement des valeurs à la tête : « Que sont mes valeurs ? tes valeurs ? celles de l'Europe ? de l'Occident ? de la Chine ? ». Tout le monde cherche à trouver un consensus autour de certaines valeurs, universelles et pacifiantes. Morales. Le terme de *valeur* est par ailleurs riche de sens. C'est le grand mot (le gros mot ?) nietzschéen : valeur, transvaluation, évaluation... Aujourd'hui, on vit dans cette surcharge, ce suremploi du mot *valeur* dont on ne comprend pas bien – c'est là tout le paradoxe – le sens précis. Il faut donc faire très attention avec le maniement de ce concept. Il me semble néanmoins impossible et dangereux de partir de ce constat pour chercher à se dispenser de cette notion de *valeur*. Car il est indéniable qu'il y a une différence entre ce qui vaut et ce qui ne vaut pas, entre ce qui vaut moins et ce qui vaut plus. Mais pour maintenir ces distinctions essentielles, il faut savoir s'expliquer là-dessus. D'où l'ambivalence de notre temps, qui d'un côté cherche à donner aux valeurs, et, de l'autre, à supprimer toute idée de hiérarchie. Notre époque s'exclame : « Je n'admets pas la différence hiérarchique des valeurs ! » Nous « vivons une époque formidable » où toutes les valeurs devraient venir les unes à coté des autres, quel que soit le domaine, sans que l'une dépasse l'autre : nos contemporains pensent tous que ce que chacun fait vaut nécessairement, mais que cela vaut autant que ce que tous les autres font. Donc, la question de philosophie générale, la problématique comme disent les étudiants, c'est : *Peut-on parler de valeur, sans avoir de principes d'évaluation hiérarchique ?* À partir du moment où quelque chose vaut, on est pourtant, irrémédiablement, dans le « vaut plus » ou le « vaut moins ». On est pris dans une échelle, une hiérarchie. Voilà les deux pôles de la difficulté : d'un côté, l'équivalence générale, et, de l'autre, la différence fondée sur des critères précis.

Pour ce qui est de la littérature, je dois réfléchir sur ce qui fait, pour moi, différence de valeur. Contrairement à certains de mes amis, je ne crois pas à l'inutilité d'un *canon*. Mais, même si ce fameux canon a été ébranlé de tous côtés, ce qui fait qu'une œuvre est considérée comme une grande œuvre au fil des siècles, transmise dans une tradition, translatée, n'est pas un leurre. Si Rousseau, Restif de la Bretonne, Diderot ou Chénier ont résisté, depuis le XVIIIe siècle, au travail de sape du temps — et non pas tel obscur abbé — cela peut se comprendre objectivement. Leur résistance au temps qui passe est objectivement défendable. Ces auteurs méritaient de passer à la postérité pour des raisons qui me semblent objectives.

Objectives ?

Oui : objectivement défendable et prouvable. En tant que directeur de collection et de revue, je passe mon temps à choisir ceci *plutôt que* cela, et je fais ma sélection au nom du meilleur. Je ne suis pas d'accord avec la position que me soutenait, un jour, Michel Chaillou, qui défendait une espèce de scepticisme : les modes successives mettraient en valeur tel écrivain plutôt que tel autre, en attendant qu'une autre mode en vienne à inverser l'intérêt que nous portons à ces écrivains... On ne peut pas, on ne doit pas réduire la valeur objective d'un texte au goût d'une époque, d'une communauté ou d'un individu. Ce qui vaut objectivement ne vaut pas que pour moi. Pour preuve : je pourrais être un homme de peu de goût, le texte de grande valeur n'en aurait pas moins de valeur. Même si j'étais alors incapable de goûter cette valeur. Je soutiens que les raisons ou les motifs d'évaluation qui font que Rousseau a été préféré à un obscur abbé oublié sont des raisons qui tiennent ! Je ne considère pas qu'il soit aberrant que le monde entier lise depuis des siècles les œuvres de Rousseau. *La Nouvelle Héloïse* est une grande œuvre. Mais qu'est-ce qu'une grande œuvre ? Cela étant admis, j'ai tendance à me demander si aujourd'hui la notion d'œuvre ne serait pas devenue fragile. En tout cas, tout est devenu fragile... Le concept d'œuvre a-t-il suivi cette pente ? Est-il devenu caduc ? Je ne pense pas. Mais il est vrai que l'œuvre, comme concept, est aujourd'hui fragilisée. Faire œuvre, qui est une ambition séculaire, semble ne plus être l'ambition de nos contemporains. Et si quelqu'un venait me demander : « Est-ce que tu fais ton œuvre ? Quelle est ton œuvre poétique ? », je lui dirais : « Tout doux ! On se calme ! ». C'est tout le problème de l'œuvre (au masculin). L'œuvre au masculin, avec ses exigences de composition, de cohérence, de perfection. Je ne suis pas sûr, pour ma part, de faire œuvre, mais je dirai volontiers, tout de même, que je cherche à faire une œuvre. Cette notion d'œuvre, bien que fragilisée, est à mes yeux un critère de sélection, de préférabilité. L'inscription d'un texte dans l'œuvre d'un écrivain ne constitue pas la garantie de sa valeur ; mais c'est tout de même un indice.

Qu'un texte fasse œuvre serait donc un premier critère de la valeur littéraire. En voyez-vous d'autres ?

Il y en a au moins deux, qui sont positives et complémentaires. Si j'essaie de simplifier, je dirai que, d'un coté, il y a l'originalité, et, de l'autre coté, la conformité ou, plutôt, la conservation.
Premièrement, on ne peut pas ne pas être fasciné par l'originalité. Mais qu'est-ce que l'originalité ? On ne peut pas la définir en général. On peut simplement la percevoir dans les œuvres particulières, en remarquant qu'elles ne sont pas des reprises, de simples répétitions d'autres œuvres. L'originalité est-elle un critère ? Faut-il chercher à plonger « au fond de l'inconnu pour trouver du nouveau » ? Oui. Certes la chose n'est pas aisée. Mais on la comprend mieux si l'on prend l'exemple frappant de la peinture. Quand on visite un musée ou une belle exposition, on est frappé par le décalage qu'arrivent à introduire les grands peintres. Tandis qu'on pouvait croire que tout était saturé, que *tout* était déjà *fait*, on aperçoit soudain

qu'un nouvel artiste fait apparaître quelque chose à quoi on ne s'attendait pas. Tout d'un coup Nicolas de Staël apparaît, et du nouveau surgit. L'originalité existe donc, sans que je puisse en donner une définition générale. Je la découvre par l'effet qu'elle produit : la surprise. L'originalité est par conséquent un critère fondamental de la valeur.

L'originalité est-elle purement stylistique ? ou peut-elle être aussi thématique ?

Je ne pense pas qu'il puisse y avoir de thèmes originaux. Que ce soit dans l'horreur, dans l'épouvante, dans la pornographie, le thème, en tant que contenu, ne peut pas être purement original. On ne peut pas dire qu'il existerait des thèmes qui n'auraient pas été effleurés.

Vous évoquiez un second critère : la « conservation ». Qu'entendez-vous par là ?

C'est peut-être là mon attachement conservateur, naissant — aussi léger soit-il. Car je suis attaché à la langue. Dans son orthophonie, dans son orthographie, dans son « ortho-grammaticalité ». L'*ortho*, la norme, est nécessaire à la transgression, à la liberté. Sans norme, pas de transgression, donc pas de liberté ! La liberté est la condition de possibilité du surgissement du beau. S'il n'y a pas de règles à l'écrire, il ne peut pas y avoir de « bien écrire » (ni de « mal écrire » d'ailleurs). Vous remarquerez que je parle du *bien écrire* ; mais, pour moi, *bien écrire* signifie *bien penser*. C'est la même chose. C'est donc l'attachement à la langue, dans sa complexité normative, qui permet de faire émerger le concept de valeur. Pour qu'un texte ait une quelconque valeur, il faut qu'il se conforme aux exigences de la langue, qu'il la conserve. Car sans conservation, il n'y a pas de transgression. Mais attention : la complexité d'une écriture qui transgresse est le contraire d'une écriture d'un analphabète. L'analphabète ne conserve rien. Il ne transgresse donc pas, il détruit.

Quels écrivains, selon vous, seraient à mettre au haut de l'échelle de valeur littéraire ? Quels écrivains pourraient servir de modèles ?

Tous ceux qui, lorsque j'achète leurs textes, me donnent l'impression que la valeur de leur livre excède leur simple valeur marchande ! Blague à part, la question est difficile. Sans vouloir l'éluder, je préfère ne pas vous citer de nom, mais évoquer plutôt deux types d'écriture. La prose française tend à se polariser : il y a, d'un côté, la *phrase brève*, parfois nominale, qui élimine non seulement la subordination mais, parfois aussi, la coordination. C'est la phrase acérée, précipitée, paratactique. De l'autre côté, il y a la phrase - pour laquelle j'ai sans doute une inclination supérieure - qui est *fortement syntaxée*, plus longue, dont l'un des exemples pourrait être la phrase proustienne. C'est elle qui met en scène le mot le plus important de la langue française : le mot « que ». Il me vient à l'esprit la célèbre lettre de Descartes à Guez de Balzac, où le philosophe raconte le plaisir qu'il éprouve à se trouver à Amsterdam. Sa phrase est extraordinairement complexe. J'en revois une,

particulièrement, qui comporte une dizaine de « que » différents : relatifs, subordonnants... « Que » est plus qu'une liaison ; c'est un « syntactème ». J'aime cette phrase-là, cette phrase tortueuse, sinueuse, riche et complexe. Les modèles sont donc davantage dans le *phrasé* que dans les signatures : un auteur importe moins que sa prose, qui peut tout aussi bien être philosophique, romanesque ou poétique. Il y a tellement de modèles que je ne saurais en indiquer quelques-uns. Ou alors, il faudrait que j'entrasse dans ma biographie poétique et que je me rappelasse les grands moments d'admiration : Apollinaire a été l'un d'entre eux, Péguy le prosateur aussi. Je regrette qu'on n'enseigne pas Charles Péguy, prosateur. Je dis prosateur et pas versificateur.
Claude Simon aussi, d'une certaine manière, compte pour moi. Mais l'essentiel n'est pas les noms : c'est un type de phrase. Autrement dit, mon modèle serait une « pensée forte » (donc écrite) dont j'ai besoin pour penser et qui s'exprimerait dans cette forme euphrastique, très syntaxée, que je chéris particulièrement.

Ce qui est frappant, dans ce que vous dites, c'est le lien très étroit que vous établissez entre la phrase et le message qu'elle véhicule. La phrase, pour vous, n'est pas seulement le moyen de s'exprimer. Elle n'est pas un simple instrument pour dire la pensée. Elle est la pensée même. C'est dans le style, la musicalité, les tropes, que la pensée se construit et vient à exister. On retrouve ici une de vos exigences stylistiques : il faut que la phrase transmette un contenu, une densité conceptuelle.

Absolument ! C'est ce qu'il faut bien appeler la *beauté du sens* ! Il ne peut pas y avoir de beauté sans sens. Sens et beauté ne font qu'un. Car le sens, ce n'est pas la signification, la signification linguistique. Le sens excède la signification, comme le montre, par exemple, la musique qui a du sens sans avoir de signification linguistique. Il en va de même d'un traité, d'une ligne, d'un chapitre, d'une phrase. Elle doit avoir un sens supplémentaire qui excède leur simple signification linguistique. Certes, la beauté du sens est portée par la signification linguistique, mais elle n'est que portée par elle. Voilà ce qui est extrêmement important à mes yeux et qui fait la valeur d'un texte : qu'il ait du sens ! Je conviens que mon discours peut sembler un peu désuet, mais c'est là ma défense et illustration de la langue française.

Vous parlez de désuétude. *Est-ce à dire que vous vous mettez en porte-à-faux avec la production littéraire contemporaine ? Pensez-vous que les écrivains d'aujourd'hui - du moins la nouvelle génération - ne parviennent pas à donner du sens à leurs phrases ?*

Je n'ai pas d'idée arrêtée à ce sujet. Mais j'ai tout de même l'impression que la modernité littéraire est portée par un mouvement de fond qui recherche, par la dislocation syntaxique, l'abolition du sens. Je suis résolument – et de plus en plus – contre cette manière de voir. Pas simplement découragé. J'entre dans un processus de résistance. Bien sûr, en poésie, en philosophie, et dans toutes formes artistiques, il y a toutes les disruptions, les interruptions, les silences qui peuvent jouer. Mais certaines formes de dislocations n'apportent rien, et même détruisent. J'y suis opposé : contre, non pas indifférent mais absolument contre. Certains cherchent la dissonance sans comprendre que, pour qu'il y ait dissonance, il faut qu'il y ait consonance. Sans syntaxe, il ne peut y avoir d'ataxie. C'est ce que je disais tout à l'heure : mon attachement à la langue, mon critère de conservation. Car la première chose que conserve la syntaxe, c'est le sens, la beauté du sens !

Une œuvre littéraire, selon vous, doit donc être complète et allier un contenu conceptuel riche à des éléments plus sensoriels, esthétiques. Car, si j'ai bien compris, sans le sens, il ne peut y avoir de beauté ?

C'est ça. Mais je souhaiterais ajouter quelque chose : la nécessité, pour qu'une œuvre soit belle, qu'elle se soucie d'universalité. Il faut qu'un texte cherche à s'établir en lui-même, à être son propre fondement, sa propre justification universelle. C'est ce qu'on pourrait appeler, à la suite de Milner, « l'universel difficile ». Qu'est-ce que l'universel difficile ? C'est cette exigence d'universalisation : on ne peut pas renoncer à l'universalisation de ce qu'on tient pour le meilleur. Dès qu'une chose nous plaît, nous voulons la partager avec le reste du monde. Parce que quand je tiens une chose pour meilleure, je la tiens pour meilleure pour tous. Quand nous sommes frappés par la beauté (quelle qu'elle soit), notre première impulsion est de l'indiquer, de chercher à la partager. C'est ce par quoi Kant a commencé dans la *Critique du de la faculté de juger* : « est beau ce qui plaît universellement, sans concept ». Mais attention : « sans concept » ne veut pas dire, pour moi, que c'est à jamais « sans concept ». La conceptualisation, c'est-à-dire le partage possible de la pensivité d'une œuvre est précisément le mouvement même du partage. La conceptualisation, c'est la convocation de l'autre, le désir de faire partager. Et s'il n'y a plus cette convocation, alors on se retrouve dans un relativisme désespérant. Car on ne peut se résoudre à abandonner l'art à n'être qu'une affaire de goût (au sens de la sensation). On ne peut pas – et on ne doit pas – abandonner l'art au goût. Le goût n'est pas autre chose qu'une idiosyncrasie, qu'un autisme. L'art est ce qui met le monde en partage ; le goût, c'est la part de ce partage qui me revient en propre, à l'exclusion de tous les autres. Réduire la valeur d'un texte à sa complaisance à notre singularité, c'est renoncer à ce qui fait la beauté de ce texte : car la beauté est par nature en partage. La première exigence du beau est d'être partagé. La beauté n'est pas autre chose qu'une force de persuasion et de partage.

Vous réfutez donc ceux qui confondent « jugement de valeur » et « jugement de goût », ceux pour qui la littérature et l'art en général ne peut avoir de valeur objective ?

Absolument ! Je ne vais au cinéma ou au théâtre, je ne lis un livre que parce que quelqu'un à qui je fais confiance me dit : « Va voir ça » ou « Lis ça ».

Ainsi, ce n'est pas le goût qu'on partage, mais les valeurs ?

Oui, exactement. Ce qui est porté par le goût nous exclut du reste du monde et nous en détache. Mais ce qui fait qu'un texte est beau – la beauté du sens ! – lui donne de la valeur, objectivable ou partageable. Et le mot de valeur n'a de sens, en littérature comme en art, que parce que la littérature, comme l'art, cherche à créer du lien. À commencer par le lien entre un écrivain (ou un artiste) et son public ; puis le lien parmi le public lui-même. La valeur de la littérature, c'est son exigence de partage. Je conclurai donc cet entretien en vous disant que je suis très content de cette conversation parce que l'évaluation – la valeur – est en cause actuellement. Nous vivons une époque où l'on ne parle que des valeurs, en oubliant le comparatif, c'est-à-dire les degrés sur une échelle sans doute mobile, qui n'a peut-être pas son maximum et son minimum désigné, mais qui est une échelle différenciante, dans le sens du meilleur au moins bien, du plus au moins. La valeur littéraire n'a pas d'absolu : il n'y a pas de modèle à suivre, mais il faut maintenir de la différence entre ce qui s'écrit – car tout n'est pas également partageable.

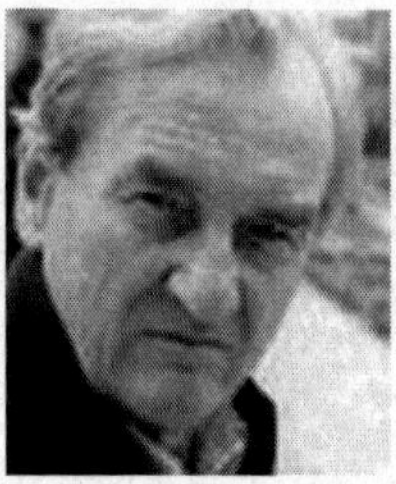

MICHEL DEGUY

1930 : naissance.

de 1955 à 1995 : effectue une carrière universitaire.

1962 : traduit *Approche de Hölderlin* de Heidegger.

de 1962 à 1985 : est membre du comité de lecture des éditions Gallimard.

1977 : fonde la revue *Po&sie.*

1989 : reçoit le Grand Prix national de Poésie.

de 1989 à 1992 : dirige le Collège International de Philosophie.

de 1992 à 1998 : dirige la Maison des écrivains.

1997 : Prix Diderot.

2004 : obtient le Grand Prix de Poésie de l'Académie française.

YANNICK HAENEL
L'INÉVALUABLE

Peut-on parler de valeur littéraire ? Si oui, quels en sont les critères ?

La littérature échappe à l'évaluation. C'est même un combat contre l'idée de valeur. Au fond, la littérature est sans critère : la liberté qu'il y a dans un grand livre ne se mesure pas ; elle est illimitée – et cette « opulence inquestionnable », comme dirait Rimbaud, est l'autre nom de la gratuité. La gratuité ne veut rien ; personne ne peut dire à quoi on la reconnaît. Je pense qu'à chaque grand livre la littérature remet en jeu la possibilité même de sa valeur ; et invente ses propres critères. Quoi de commun entre *Ulysse* de Joyce, *Lenz* de Büchner, *Les Frères Karamazov* de Dostoïevski, *La Légende de saint Julien l'Hospitalier* de Flaubert, *Les Impardonnables* de Cristina Campo, *Lumière d'août* de Faulkner, les *Pensées* de Pascal, *La Mort de Virgile* de Broch, *Les Chants de Maldoror* de Lautréamont, les *Récits de la Kolyma* de Chalamov et *Perceval* de Chrétien de Troyes ? Un grand livre élargit la perception du monde : il découvre de nouveaux espaces pour le jeu du temps, devine le contenu des ténèbres contemporaines, en capte le filigrane noir, et propose en même temps une ouverture de liberté. Un grand livre est en effet le lieu d'un combat contre les phrases usées, contre les sensations mortes, contre les croyances idéologiques, religieuses, sexuelles – bref contre l'illusion des valeurs. Un grand livre ne stationne pas dans le tunnel qu'il explore ; il ne se laisse pas étouffer par sa découverte : toujours, si c'est un grand livre, il trouve un rai de lumière, une brèche, peut-être une issue. La parole qui s'invente dans un grand livre provoque une percée secrète dans le temps ; peu importe que les « apparences actuelles » y voient ou non du feu. Ce feu s'adresse à ce qu'il y a d'inassimilable en chacun. On ne peut pas réduire ce feu – cette opération d'incandescence – à ces questions de « style » ou de « langue », auxquelles ont recours ceux qui veulent qualifier la singularité d'un livre.

L'élément qui dans un livre provoque une percée relève du spirituel. Lorsque Georges Bataille rapproche *Ainsi parlait Zarathoustra* et *À la recherche du temps perdu*, il voit dans l'expérience de Nietzsche et dans celle de Proust ce qu'il appelle la « direction insensée du ravissement ». Il devine que ces deux expériences sont exclusivement composées d'extases, qu'elles ont lieu sur ce point de détail extatique qui vous arrache aux petites notions, à la mesure ordinaire, au tassement humain, et qu'elles s'ouvrent à ce « jeu de la chance », dit Bataille, qu'est le sacré. Un sacré d'après la mort de Dieu, un sacré délivré des illusions de croyances, et qui crépite en silence comme un diamant dans le vide.

Je prends l'exemple de Georges Bataille pour faire entendre que l'important, dans un livre de littérature, réside dans la puissance spirituelle des phrases. Prenez Melville, Rimbaud, Lautréamont, Beckett ou Genet, il s'agit de ça. À chaque fois, ils donnent un nom nouveau à cette expérience qui les traverse. La littérature, en un sens, c'est une opération incessante de baptême. Il s'agit de trouver les phrases qui consacrent. Georges Bataille note ainsi, à propos de Proust : « Involontairement, Proust a répondu, me semble-t-il,

à l'idée d'unir à Dionysos Apollon. L'élément bachique est d'autant plus divinement – cyniquement – mis à nu dans son œuvre que celle-ci participe de la douceur d'Apollon. » Il conclut : « Et la modalité mineure, expressément voulue, n'est-elle pas la marque d'une discrétion divine ? »
Voilà ce à quoi je reconnais la littérature : ce n'est pas la beauté éventuelle d'un style, ni même le bruissement d'une langue, encore moins ce que les journalistes appellent un « sujet de société », mais la manière qu'elle a d'être habitée par une « discrétion divine ». Rien de plus difficile à évaluer, et pourtant c'est aussi simple qu'un secret.

Une intertextualité complexe, comme dans La Bataille de Pharsale *de Claude Simon ou dans votre roman* Cercle *(avec ses références à Homère, Dante, Melville, Rimbaud, Joyce), est-elle un critère de valeur littéraire ?*

L'intertextualité, oui – mais ce n'est pas suffisant. Il y a des livres qui sont cousus de références, de citations, de noms propres, et qui ne sont rien. C'est vrai que pour moi un livre contient nécessairement des livres ; en un sens, il contient tous les livres. Il ne s'agit pas d'une collection : un livre n'est pas un musée, mais la somme des expériences qu'il a traversées pour trouver sa forme. Et parmi ces expériences, au milieu du stock de sensations, de rencontres et d'accidents, il y a ces éblouissements qui viennent des histoires des autres : les vivants et les morts, ceux qui racontent ou ont raconté, qui écrivent ou ont écrit. Ainsi les phrases des autres viennent-elles naturellement s'ajuster dans mes phrases. Dans *Cercle*, il y a par exemple *L'Idiot* ou

Moby Dick : ces deux livres sont pour moi aussi importants que des histoires d'amour. Je pense que les phrases, si ce sont vraiment des phrases, transportent avec elles la mémoire de toutes les autres phrases, celles des écrivains, des artistes, des penseurs, celles du « bruit du temps », comme dit Mandelstam. La littérature n'est pas une petite affaire personnelle ; elle met en jeu l'ensemble de ce qui s'est écrit. Il est impossible d'écrire une phrase de littérature si l'on n'est pas devenu soi-même littérature, c'est-à-dire à la fois une mémoire vivante, et un saut hors de cette mémoire. Homère-Dante-Joyce : voilà le grand fond. C'est la question du poétique qui est posée par ces trois grands moments du récit occidental : ce qu'il en est d'exister poétiquement. Mon hypothèse, pour *Cercle*, c'était que cette question s'incarne à travers le temps dans la figure d'Ulysse. Le livre questionne la plus vieille idée du monde : celle de l'« aventure ». Qu'est-ce qui vous arrive ? Qu'est-ce qui peut vous arriver ? Est-il possible d'avoir une expérience – d'habiter poétiquement l'existence – quand l'horizon mondial, depuis la Seconde Guerre mondiale, ne cesse de se boucher en globalisant toutes les attitudes ? Arthur Gordon Pym, Lord Jim, Stephen Dedalus – et après ? Existe-t-il une figure possible de l'aventurier ? *Cercle* est une proposition existentielle : c'est la raison pour laquelle y passent les silhouettes de Guy Debord, du prince Mychkine ou de Jean-Pierre Léaud, qui incarnent, chacun à leur manière, un engagement absolu. J'ignore si le fait d'intégrer d'autres phrases à son propre texte suffit à faire de celui-ci de la littérature, mais en tout cas une telle opération est la moindre des choses – elle va de soi. Il y a belle lurette qu'on a

quitté les coordonnées post-modernes : il ne s'agit pas de faire signe, ironiquement, vers un quelconque épuisement, mais de travailler à une renaissance. *Une esthétique de la résurrection* : voilà ce qu'est la littérature. Disons que, pour moi, c'est le critère : s'il y a de la résurrection, alors c'est de la littérature.
Vous citez *La Bataille de Pharsale*, un livre extraordinaire de Claude Simon, une sorte de poème cubiste : les phrases y sont le lieu d'un dialogue – d'un combat – avec les codes antiques. Claude Simon a cherché toute sa vie comment dire la guerre ; il est logique qu'il interroge les origines du récit guerrier – qu'il démantèle les conditions historiques de l'*épos*.
Donner de l'avenir à des phrases, à l'idée même de phrases, c'est l'objet de la littérature. Le livre de Claude Simon montre bien qu'on peut se procurer de l'avenir en opérant sur le « passé », sur la provenance, sur l'archive. Bien sûr, un livre ne se réduit jamais au dialogue qu'il instaure avec ses prédécesseurs, ni même avec l'histoire de la littérature : ses phrases sont avant tout écrites en avant ; mais si ce dialogue n'a pas lieu, si le livre n'est pas le fruit d'une réflexion sur sa propre possibilité, il y a peu de chance pour que ce soit de la littérature. La camelote, ça a toujours été ça : des livres qui s'écrivent depuis leur aveuglement.
Au fond, la question que vous posez est celle de l'art : qu'est-ce qui fait que tel objet, un tableau, une sculpture, un livre, est de l'art ou n'en est pas ? Est-ce qu'il faut se fier, pour répondre à cette question, au marché ? En littérature, franchement, non. Les intérêts du marché vont aux produits agréés courants ; la machine a pour habitude de ne reconnaître que la camelote qu'elle suscite.

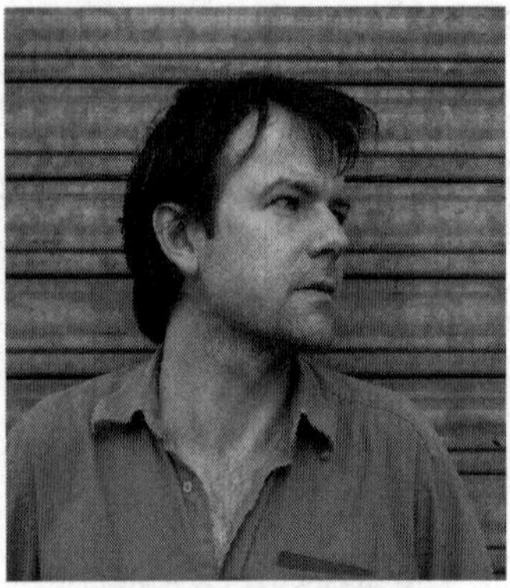

YANNICK HAENEL

1967 : naissance.

1997 : fonde la revue *Ligne de risque* avec François Meyronnis.

2003 : publie *Évoluer parmi les avalanches.*

2007 : publie *Cercle* (roman pour lequel il reçoit le Prix Décembre).

2008 : devient pensionnaire de la Villa Médicis.

2009 : publiera un essai littéraire intitulé *Prélude à la délivrance,* en collaboration avec François Meyronnis.

La littérature n'est pas une histoire de subjectivité, mais plutôt de rencontre avec le temps ; et le temps, c'est le langage lui-même en mouvement. Écrire un livre de littérature consiste à tout reprendre, à chercher son chemin à travers le temps, à conjuguer sa voix avec celles qui reviennent, à se mettre par le langage dans un état où le temps s'ouvre de partout : où avenir, présent, passé coïncident. Je dirais qu'on reconnaît la littérature au coefficient d'ouverture qu'elle rend possible. La plupart des livres sont fermés sur leur petit univers, sur le territoire subjectif de leur auteur. Au contraire, la littérature commence quand ça s'ouvre, quand c'est le débordement lui-même qui prend le pouvoir.

PIERRE JOURDE
"LA VALEUR D'UNE ŒUVRE CONSISTE À FAIRE LE VIDE"

Peut-on, selon vous, parler de « valeur littéraire » ? Quel sens donnez-vous à cette expression ?

C'est la question la plus difficile que l'on puisse poser à un critique. Elle n'aurait guère eu de sens il y a un siècle, voire un demi-siècle, où l'idée d'une valeur de l'œuvre demeurait incontestable. Ce qui, aujourd'hui, rend la notion de valeur problématique, c'est l'individualisation de la société, l'éclatement de la production artistique, l'effacement de l'idée de maîtrise et la disparition de l'autorité intellectuelle. Tout le monde est un artiste, tout le monde exerce sa libre et pleine subjectivité dans ses choix et son jugement, toute œuvre est bonne puisqu'elle exprime un homme ou un groupe (il y a donc *des* cultures, toutes valables). Il faut en prendre acte. Pour autant, je crois que l'idée de valeur résiste. Elle ne s'articule peut-être pas tout à fait de la même manière qu'autrefois, dans un absolutisme sans concession où seules résisteraient les grandes œuvres. La diversité des goûts n'empêche pas que l'on puisse se livrer à une estimation selon un certain nombre de critères qui ne donnent pas à cette estimation une valeur absolue, mais tentent de réduire le plus possible la marge d'erreur, qui ne sera jamais nulle. L'affrontement est la seule garantie de la valeur et de l'importance de la création esthétique. Dans *Le Rideau,* Milan Kundera cite à juste titre Jan Mukarovsky : « "seule la supposition de la valeur esthétique objective donne un sens à l'évolution historique de l'art". Autrement dit : si la valeur esthétique n'existe pas, l'histoire de l'art n'est qu'un immense dépôt d'œuvres dont la suite chronologique ne possède aucun sens. » Le renvoi à la libre subjectivité est d'abord un renvoi à l'insignifiance et une capitulation devant la puissance des marchands de produits culturels. Ces marchands défendent la valeur de leurs fabrications en répétant que ce qui est consommé par un grand nombre de gens ne peut pas être mauvais. L'amateur de télé réalité est convaincu qu'il exerce sa libre subjectivité en aimant *L'Ile de la tentation* ou le *Loft*. Le lecteur de Christine Angot est certain qu'il exerce sa libre subjectivité en se délectant de *L'Inceste*. On peut s'arrêter là, et renoncer au travail critique. Mais dans quelle mesure s'agit-il de subjectivité ? De liberté ? Choisir en toute connaissance de cause est d'autant plus difficile que la production est pléthorique et que la puissance publicitaire conditionne les préférences. On peut se convaincre d'avoir aimé un livre, qui en réalité ne donne ni réel plaisir ni enrichissement, simplement parce qu'il correspond à une représentation préétablie, plus ou moins élaborée, de ce que doit être un livre. Le goût, c'est-à-dire la liberté de choix, la capacité à appréhender la diversité, se forme.

Commençons par poser qu'il y a peut-être plusieurs sortes de valeur, et que l'on peut trouver de la valeur dans tous les genres et toutes les formes de production artistique. Il y a des romans littérairement ambitieux mais complètement ratés et faux (dont un bon exemple récent pourrait être *Cercle* de Yannick Haenel) et d'excellents ouvrages pour adolescents, de très bons romans policiers, etc. Même chose dans les arts plastiques. On peut considérer qu'*Asterix* est une bonne bande dessinée, jusqu'à la mort de Goscinny, notamment par l'humour. Sa valeur est toute dans l'efficacité. (Par la suite, on voit bien que l'humour devient poussif et que la formule est exploitée jusqu'à écoeurement). C'est du travail d'artisan bien fait. C'est en fonction de ces critères de valeur qu'on peut la juger. *San Antonio* vaut pour l'invention verbale. On ne peut le comparer à *À la recherche du temps perdu*. En revanche, on peut comparer, du point vue de la valeur, Bourget à Proust et Marie Darrieusecq à Pierre Michon. C'est évidemment accablant pour les premiers cités.

Une bonne œuvre sonne juste. Cela s'entend. Certains ont l'oreille juste, d'autres non. En musique, c'est évident, en littérature, beaucoup moins, on ne peut pas donner de critères absolus. Il faut regarder le texte de près, dans l'ensemble et dans le détail. De ce point de vue, un bon texte est un texte qui résiste au travail que l'on exerce sur lui : travail minutieux du critique, travail du temps. Le temps a cette vertu de nous libérer l'oreille de la cacophonie immédiate, des paroles dans lesquelles nous sommes noyés et qui nous empêchent d'entendre clairement.

La valeur d'une œuvre consiste, comme le pensait Proust, à ouvrir, à faire le vide. Elle ne nous apporte pas un bloc de certitudes, d'automatismes esthétiques, de stéréotypes. Elle place du jeu dans nos représentations. Cela n'implique pas nécessairement de révolutionner le langage et les formes. La religion de l'avant-garde a produit aussi ses trucs académiques. Mais l'œuvre informe le réel de sa complexité. Elle l'ouvre. Elle l'anime, elle le fait exister. Elle rend possible notre expérience. Bref, il y a des œuvres de qualité qui se contentent de représenter la réalité, ou de la décorer, ou de nous en distraire. Il y a de grandes œuvres qui créent la réalité. Dans les deux catégories, celles qui décorent et celles qui créent, on peut trouver des œuvres ratées parce qu'elles font semblant, elles donnent des signes de littérarité sans en fournir. Au critique de repérer ces semblants.

Une grande œuvre, selon vous, ne révolutionne pas nécessairement le langage et les formes. Cette idée contredit l'opinion dominante depuis le début du XXᵉ siècle, que vous qualifiez de « religion de l'avant-garde ». Comment expliquez-vous qu'on accorde aujourd'hui autant d'importance à la nouveauté ? Est-ce seulement parce que, fournissant au jugement un moyen commode, elle permet de se dispenser d'un véritable travail critique ? L'originalité n'est-t-elle pas, malgré tout, une marque de talent ? Charles Dantzig, par exemple, a l'air de croire qu'il lui suffit de montrer que Céline n'a rien inventé (son style serait « sorti tout furibond de Jules Laforgue ») pour faire de lui un écrivain raté.

Gracq écrivait il y a plus de cinquante ans, dans *La Littérature à l'estomac* : « en littérature, une œuvre neuve peut être, au sens précis du mot, réactionnaire ». Et il en donne l'exemple de Stendhal, homme du XVIIIᵉ siècle égaré en plein romantisme. Pour lui, le génie littéraire est avant tout une capacité particulière de transformation de « l'énorme matière littéraire qui préexiste à lui ». Je me sens assez proche de lui sur ce point. Nous vivons encore sur la culpabilité d'avoir raté Van Gogh, Manet, Cézanne, Lautréamont et Laforgue. Cela nous pousse à considérer que l'art doit nécessairement apporter du radicalement nouveau. Ce n'est vrai que dans une certaine mesure. En revanche, c'est l'idée d'un progrès dans les arts qui est profondément datée. Elle date, très précisément, de 1800, avec *De la littérature* de Mme de Staël, ce qui ne nous rajeunit pas. Qu'il faille toujours aller plus loin, chercher du radicalement nouveau est une représentation assez grossière du travail littéraire, une idée vieillie, et qui comporte des risques stérilisants assez importants. La création est un dialogue entre un individu et une culture existante avec laquelle il bricole. L'histoire de l'art, dans son développement, explore certaines pistes, en laisse d'autres qui pourront être empruntées plus tard. La création ne va pas de l'avant, elle va par-ci, par-là, un peu en avant, un peu en arrière, beaucoup sur les côtés. On peut écrire comme Tabucchi, et être un excellent écrivain, après Palazzeschi et le futurisme italien. On peut être profondément original avec un matériau très ancien. Trois cas exemplaires : Gracq, qui revisite le romantisme noir et ses stéréotypes, Eric Chevillard, qui travaille le cliché et en tire des merveilles inédites, Novarina, un des contemporains les plus étonnants, qui bricole le caf-conc' de 1930, l'opérette du XIXe siècle, Rabelais et les grands mystiques. Il est d'avant-garde et d'arrière-garde à la fois. Aujourd'hui, tout le monde veut être « différent ». Cela devient une preuve de banalité. La course à la nouveauté est à la fois un piège publicitaire et une paresse de l'esprit. Le label « nouveau » permet de s'épargner les difficultés de la réflexion. Le génie est-il original ? Je crois plutôt qu'il dépasse l'originalité. Il atteint une évidence que l'on ignorait. Pour Borges, citant Hazlitt, « Shakespeare ressemblait à tous les hommes, sauf pour le fait de ressembler à tous les hommes. Intimement, il n'était rien, mais il était tout ce que sont les autres ». Tel était le génie du poète anglais.

Vous semblez concevoir le génie un peu comme Bernard Shaw, lequel a écrit : « En art, le plus haut accomplissement consiste à être l'ultime rejeton d'une lignée plutôt que son initiateur. N'importe qui, ou presque, peut commencer – toute la difficulté est de finir, en produisant une œuvre que nul ne pourrait surpasser. » Est-ce le cas ? En quoi vous en distingueriez-vous ?

La phrase de Shaw me paraît excessive. Certains novateurs sont purement formalistes justement parce que, paradoxalement, ne pensant qu'au passé et au moyen de s'en distinguer, ils produisent des œuvres artificielles, cérébrales, uniquement conçues dans un désir de rupture et d'originalité à tout prix, qui finit par s'enliser dans la banalité du désir de différence. La fin du XIXe siècle fourmille de petits inventeurs avant-gardistes, comme René Ghil, qui correspondent à des impasses, et qui ont autant d'intérêt pour l'histoire de la littérature que ce qu'on appelle les fous littéraires. Baudelaire met en avant la notion de modernité, mais son vers est archi-classique, et il insiste sur l'idée que le beau est fait pour moitié de mode, pour moitié d'éternité. Le grand artiste, en tous cas au sens moderne d'une telle expression, ne peut pas se définir seulement comme la pointe d'une tradition. Il lui faut je crois une double capacité : l'aptitude à intégrer en profondeur une tradition, de la faire sienne, d'une part. La puissance qui permet, justement parce que cette intégration a été effectuée intimement, de la dépasser, d'aller bien au-delà, d'ouvrir un monde nouveau. De sorte que le grand artiste modifie l'histoire de l'art non seulement pour la suite, mais aussi pour ce qui le précède.

*Vous avez écrit à l'occasion d'un article consacré à Julien Gracq : « Les gloires usurpées, le XXe siècle en fabrique industriellement » (*Le Magazine littéraire, *n° 465, juin 2007). À qui pensez-vous ? Pourquoi certains critiques ne jouent-ils pas leur rôle ?*

Pour s'en tenir à l'époque contemporaine, je suis convaincu que Sollers, par exemple, ne gardera qu'une importance documentaire et sociologique, et non littéraire ou intellectuelle. Il est représentatif d'un milieu et d'une époque, ce n'est pas un écrivain majeur, comme certains voudraient nous le faire croire. Des gens comme Angot, Laurens, Rio, Holder sont promis au sort des denrées périssables. C'est d'ailleurs, il faut le reconnaître, le cas de 99 % des écrivains. Mais il y a, parmi les oubliés, des écrivains de qualité, à redécouvrir, qui n'ont pas forcément été encensés de leur vivant. Ce qui est agaçant, c'est cette manière qu'a la critique de crier au génie toutes les semaines. Gracq avait raison là-dessus aussi. Ils ne jouent plus leur rôle, en effet, cela me paraît incontestable, à quelques exceptions près. Pourquoi? Par peur de fâcher, parce que tout ce qui est culturel est bon en soi, parce que tout discours négatif est tabou, parce que la qualité concrète du langage a moins d'importance que quelques trucs assez gros qui font effet littéraire, parce qu'il y a de plus en plus d'intérêts en jeu et de

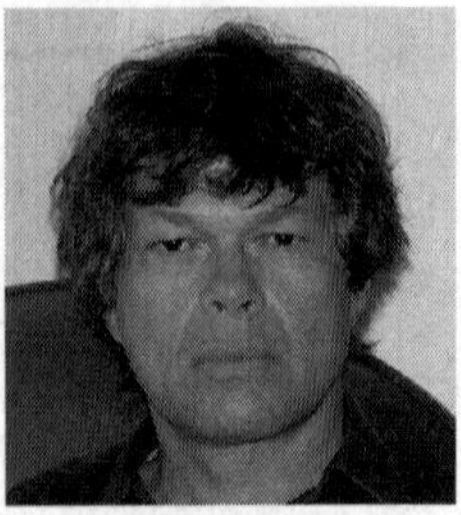

PIERRE JOURDE

1955 : Naissance à Créteil.

Depuis 1991 : Professeur de littérature, Pierre Jourde a publié de nombreux essais, récits et romans, parmi lesquels :

2002 : *La littérature sans estomac* (Prix de la critique de l'Académie française).

2003: *Pays perdu* (Prix Générations du roman).

2005 : *Festins secrets* (Grand Prix Thyde Monnier de la SGDL, Prix Renaudot des Lycéens, Prix Valéry Larbaud).

conflits d'intérêt, parce qu'on est bourré de présupposés qui font écran à la lecture, parce qu'on ne lit que la quatrième de couverture, parce qu'on juge en fonction de l'auteur et de la maison d'édition et pas du livre.

Les écrivains que vous donnez en exemple (Charles Baudelaire, Julien Gracq, Eric Chevillard) se sont tous adonnés à la critique littéraire. Pensez-vous que cette pratique ait une influence sur l'écriture ? Qu'en est-il chez vous ?

La critique est aussi de la littérature, il suffit de lire celle des auteurs que vous mentionnez. En ce qui me concerne, les deux se répondent. La critique explicite les problèmes littéraires auxquels je suis confronté dans la fiction, elle les aborde à travers les textes d'autres écrivains. D'autre part, les thèmes et la tonalité de mes romans ou poèmes font l'objet de réflexions théoriques (par exemple dans l'essai sur *L'incongru*). Il y a même eu une interaction assez étroite pour que quelques pages du récit pays perdu se retrouvent dans l'essai *Littérature et authenticité.* Les deux abordent la même question, celle du peu de réalité, l'un philosophiquement, l'autre à travers la vie de quelques paysans de Haute Auvergne, modèles de l'enracinement dans ce qu'on prend pour les vraies choses. En un mot, comme critique (théoricien ou polémiste) je m'interroge sur la capacité du langage à toucher le monde réel. Comme narrateur, je raconte des vies dévorées par la fiction.

CATHERINE MILLET
LA VÉRITÉ COMME VALEUR

Lors de la rédaction de La Vie sexuelle de Catherine M., *vous dites avoir beaucoup pensé au mot de Cézanne : « Je vous dois la vérité en peinture et je vous la dirai. » Pensez-vous qu'un écrivain doive dire la vérité ?*

Je le pense, même si cela dépend du projet de l'écrivain. La question se pose différemment, bien sûr, quand on écrit un ouvrage de fiction, et que l'on doit se soumettre à la logique du récit. Mais si l'on entreprend de raconter sa vie, je pense que la vérité ne doit pas être travestie. Elle est la finalité même du projet et ce qui le distingue précisément du roman. La véracité me paraît être un caractère distinctif de la modernité : si les auteurs du XIXe siècle ont habillé la vérité en glissant une part d'eux-mêmes dans des personnages, ceux du XXe siècle l'ont, si je puis dire, déshabillée ! Et aujourd'hui, on s'emploie à la livrer nue. L'influence de la psychanalyse joue certainement un rôle : l'auto-examen, l'exposition de soi sont plus pratiqués et acceptés.

Pour vous, la vérité est importante. Mais est-elle un signe de valeur littéraire ?

Si la vérité n'est peut-être pas une valeur, du moins a-t-elle une valeur – moins en tant que telle que dans la démarche qu'elle suppose. Comme critique d'art, je me suis toujours intéressée aux œuvres radicales. C'est cette même radicalité (livrer la vérité nue) que je cherche à retrouver, sachant évidemment qu'on ne l'atteint jamais complètement et qu'elle est instable.

Mais qu'est-ce que la vérité ?

La vérité, c'est d'abord la vérité des faits. Si l'on triche tous avec nos souvenirs, en raison de censures psychiques ou pour de bêtes questions de narcissisme, les faits eux sont objectifs. Objectifs ne veut d'ailleurs pas dire qu'ils soient plats, dénués de profondeur. Ils révèlent au contraire le caractère des personnes mieux que n'importe quelle digression psychologique. S'y confronter permet de lever en partie les résistances ou les dissimulations involontaires imposés par l'inconscient. C'est dans le respect des faits que j'ai écrit *La Vie sexuelle de Catherine M.* comme j'aurais écrit un ouvrage critique sur un artiste ou un courant artistique. J'ai recueilli les témoignages d'amis que j'ai confrontés entre eux et à mes propres souvenirs. Je me suis faite historienne de ma propre vie. Mais, ainsi que je le disais, la vérité ne peut jamais être complète. Même si je n'ai pas triché avec les faits, je ne les ai pas tous racontés. *La Vie sexuelle de Catherine M.* ne présente que le côté ludique de mon histoire. La vérité y est trahie par omission. C'est pourquoi, afin de mener mon projet à son terme, je suis en train d'en écrire, non pas la suite, mais le « complément ». Dans mon premier récit, j'avais à peine évoqué le problème de la jalousie. Lorsque après la sortie du livre, j'ai rencontré les journalistes, le public, je me suis rendu compte que c'était toujours la première question que l'on me posait : « comment avez-vous fait avec la jalousie ? » C'est à cette question que je réponds maintenant. Au fond, pour être vraiment fidèle à la vérité, il faudrait réécrire sans cesse le même livre, en insistant à chaque nouvelle version sur un aspect des faits laissé dans l'ombre. Il faudrait revenir toujours sur les mêmes faits en suivant une spirale, en variant les points de vue, les modes d'approche. C'est d'ailleurs ce qu'a fait Rousseau : il a raconté plusieurs fois les mêmes événements de sa vie, sous différentes formes, dans les *Confessions*, les *Dialogues*, les *Rêveries*.

Vous évoquez Rousseau, mais n'y a-t-il pas d'autres écrivains qui vous aient inspirée ? Je pense par exemple à Pierre Klossowski.

C'est un artiste complet, écrivain, dessinateur, et qui s'est essayé aussi, en collaboration avec Pierre Zucca, au cinéma. Il compte beaucoup pour moi, comme pour beaucoup de collaborateurs d'*Art Press*. Il y a quelque temps, on m'a demandé un texte pour le catalogue d'une exposition qui lui était consacrée. J'ai réalisé à cette occasion qu'il y avait dans l'entourage d'*Art Press* un certain nombre d'artistes et d'écrivains, Bernard Dufour, Alain Fleischer, Denis Roche, et bien sûr Jacques Henric dont je partage la vie, qui avaient été plus ou moins proches de lui, dont certains étaient eux-mêmes amis entre eux, et qui avaient comme point commun, et commun avec lui, l'ancrage de leur œuvre dans leur biographie et l'exposition de leur femme ou de leur compagne. En quelque sorte, cela formait une famille ! Pourtant, je ne crois pas avoir eu vraiment de modèle quand j'ai entrepris d'écrire *La Vie sexuelle de Catherine M.* Peut-être son voisinage intellectuel avec cette « famille » m'a-t-il aidé à justifier ma démarche à mes propres yeux, à l'autoriser, mais

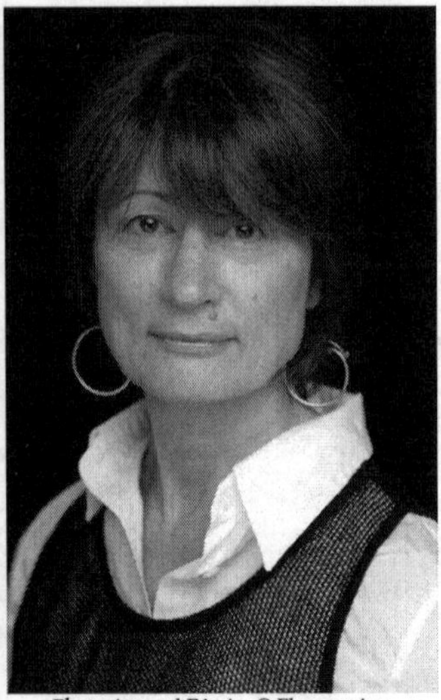

Photo Arnaud Février © Flammarion

CATHERINE MILLET

1948 : naissance.

1972 : fonde la revue mensuelle d'art contemporain : *Art Press.*

2001 : publie *La Vie sexuelle de Catherine M.*

2008 : publie *Jour de souffrance.*

c'est tout.

À propos de forme, pour vous la quête de vérité est indissociable de celle des mots exacts, n'est-ce pas ?

Tout à fait. J'attache une grande importance au choix des mots, comme à la syntaxe d'ailleurs.

Pourtant, je vous cite, « manié sans précaution, le vocabulaire obscène affecte les sens presque aussi directement qu'un contact physique. » Comment avez-vous fait pour décrire une réalité obscène sans l'être ?

Voulant éviter à la fois la métaphore, un vocabulaire scientifique (qui aurait paru pédant ou ridicule) et la vulgarité, j'ai pris le parti de me servir des mots les plus usuels. Aujourd'hui, les gens disent *baiser* assez facilement, c'est passé dans le langage courant… Une autre solution a été de rapporter exactement des dialogues. Ceux que l'on a entre soi lors de l'acte sexuel, par exemple. Dans ce cas, la question du choix des mots ne se pose plus. Ce procédé (c'est comme si j'avais placé un magnétophone à côté de mon lit) est en quelque sorte l'équivalent en littérature, du *ready-made.*

RICHARD MILLET
La littérature comme expérience intérieure

Peut-on, selon vous, parler de valeur littéraire ? Quels en seraient les critères ?

Ou bien la littérature est liée au divertissement (auquel cas elle n'a qu'une valeur inférieure, infime, « ludique », « sympa »), ou bien elle est constitutive d'un sens, sinon du sens, et elle engage l'individu dans ce que Bataille appelle une « expérience intérieure ». Je ne crois pas à la dimension uniquement auto-référentielle de la littérature, mais bien à l'écart stylistique qu'elle établit par rapport à la langue commune, et à cet écart comme source de sens, et fondation de *valeur*. La dé-hiérarchisation actuelle des valeurs entraîne leur effondrement, ou un aplatissement tel que la littérature est évacuée (la littérature comme mémoire d'elle-même, d'une langue, d'expériences fondamentales) au profit de la seule et simpliste expression de soi, qui a lieu la plupart du temps dans cette langue d'esclaves qu'est le parler publicitaire. Le roman est le lieu privilégié de cette dévalorisation : c'est un genre qui est non seulement à peu près épuisé, comme autrefois la tragédie classique, mais qui s'est aussi déconsidéré, prostitué aux songes creux de la petite-bourgeoisie universelle. Oui, c'est le genre petit-bourgeois par excellence. Quant aux critères, ce n'est pas un style « soutenu » qui en serait exemplaire (le « soutenu » a quelque chose d'académique), mais, là encore, l'écart, les irréguliers – comme on le dit de soldats : car nous sommes en guerre, la lutte contre le nihilisme étant, au fond, ce qui nous importe, et sans doute le seul critère.

Vous dites préférer au style académique un style irrégulier. Mais jusqu'où peuvent aller ces irrégularités ? Comment faire pour distinguer celles de Céline, qui sont géniales, d'autres qui ne le seraient pas ?

L'irrégularité ne signifie pas forcément l'incorrection ni le laisser-aller. Il y a un académisme du néo-célinisme, comme il y en a du petit roman français traditionnel, ou du flaubertisme, comme le disait déjà Proust. Quelque chose est à chercher du côté de la longueur, de l'ampleur de la phrase, de l'anacoluthe, Sade, Saint-Simon, Chateaubriand, Proust, Claude Simon, bien plus que dans la phrase minimaliste d'aujourd'hui. Au regard du journalisme qui est devenu la norme littéraire, la phrase de Bossuet est une « irrégularité » autant que celle de Montaigne. Le style artiste me semble aussi un académisme, sauf quand il est poussé à l'excès : Mandiargues, Klossowski. Je veux entendre l'écart par rapport au langage de la simple communication. Quant à Céline, je ne suis pas certain qu'il s'agisse d'écarts géniaux : je ne suis pas sensible à sa musique : ce boitillement me semble, surtout dans la trilogie finale, à peu près illisible, trop autoréférentiel, un compromis entre l'oralité et l'écrit. Je voudrais le suivre sur son terrain musical mais je n'entends plus grand-chose, hélas, de ce qu'il y avait dans le *Voyage* ou dans *Mort à crédit*. L'imprécateur m'intéresse plus que le chroniqueur. Ses jugements sur son époque, les écrivains, la langue ne sont pas faux : c'est son style qui m'ennuie. Le dernier Céline dit la crise du roman contemporain, mais négativement. Il est un puissant révélateur de l'illisibilité romanesque, autant que de la dénaturation des valeurs.

Vous citez Sade, Saint-Simon, Chateaubriand, Proust ou Claude Simon, comme des modèles. Dans votre essai Désenchantement de la littérature, *vous écrivez : « La littérature suppose une hiérarchie de l'inactuel : une échelle de valeur, la verticalité, une puissance critique. » C'est, dans les deux cas, réintroduire la notion antique d'*auctoritas, *c'est-à-dire d'exemple, de modèle. Se pose alors le problème du fondement de l'« autorité ». Quels critères permettent de dire que tel auteur est un modèle, et tel autre non ?*

On peut considérer que, bien plus que le structuralisme, le démocratisme littéraire (ateliers d'écriture, réécriture des « romans » par les éditeurs, idée pernicieuse selon laquelle tout le monde peut, ou même doit écrire) a mis à mal la notion d'auteur. La dimension exemplaire d'un écrivain est bien sûr liée au goût, chose disparue avec l'humanisme et la verticalité. Elle est aussi liée à la puissance de son inactualité signifiante : ce qui est lisible est actif, et donne une contemporanéité bouleversante à Homère, saint Augustin, Chrétien de Troyes, Dante, Malherbe, etc. Ce ne sont pas des critères immuables, mais une radioactivité dont le pouvoir varie selon les individus, le système d'échos, de miroirs, de lectures, de dettes, dessinant une sorte de critère infini. Ainsi Ponge lisant Malherbe… Il n'est d'autre autorité que celle qui nous donne le sentiment de ployer le chef devant un style : est écrivain non pas celui qui aurait autorité sur la langue mais celui qui la reçoit d'elle, qui a passé avec elle cette mystérieuse transaction qu'on appelle le style et qui donne à entendre, en plein ou par défaut, jusque dans l'illusion de la maîtrise, l'entier de la langue.

Ce vous dites fait penser à la maxime plaisante (mais néanmoins profonde) de Gombrowicz : « La littérature est extrêmement facile, c'est pourquoi elle est extrêmement difficile. » Qu'en pensez-vous ?

Il est facile d'écrire, de publier, de se faire passer pour un écrivain. Du moins est-il facile d'écrire un roman, de se glisser dans ce genre multiforme : de là l'hégémonie du genre et sa déliquescence. De là aussi le règne des faux-monnayeurs. Gombrowicz visait, je crois, la difficulté à écrire un roman de genre, voire de gare (*Les Envoûtés*). D'un point de vue narratif, j'admire plus un Michaël Connelly qu'un Jonathan Franzen, par exemple, ou qu'un Mark Danielewski, et Claude Simon que Robbe-Grillet et ses petits-neveux ludico-nocturnes : la difficulté de la littérature est dans la langue, dans son déploiement. La question de la difficulté renvoie à celle de l'expérience : on oublie trop qu'une œuvre est une entreprise qui met en jeu toute une vie.

Finalement, ce qui sépare l'écrivain du simple auteur (pour reprendre une distinction qui vous est chère) n'est-ce pas sa capacité à « déployer la langue » ? « Les grands novateurs, disait Proust, sont les seuls vrais classiques et forment une suite presque continue. » Ce qui fait la valeur d'un texte n'est-ce pas, tout simplement, que la langue s'y déploie d'une nouvelle façon ?

Oui, à la condition de considérer le nouveau comme une redéfinition féconde et perpétuelle de la tradition. Verdi déjà le disait et vous savez que son dernier opéra, *Falstaff*, est extraordinairement novateur. Le rapprochement avec la musique est pour moi important, en tout cas nullement vain : l'opéra est, avec la symphonie, la version sonore du roman, au XIXe siècle. Il s'agit de faire entendre quelque chose, une langue, là même où on voudrait qu'elle soit uniquement utilitaire, démocratique. C'est toujours la révolte de l'aristocratie (celle de l'esprit) contre la plèbe. C'est, enfin, poser inlassablement la question de la valeur : questionnement qui est à l'origine du partage entre littérature et philosophie, lesquelles ont tendance à se rejoindre, à l'ère du post-humanisme.

RICHARD MILLET

1953 : naissance.

1994 : publie *Le sentiment de la langue* (Prix de l'essai de l'Académie française).

Depuis 2004 : est membre du comité de lecture des éditions Gallimard.

2007 : publie *Désenchantement de la littérature.*

2008 : publie *L'Opprobre.*

YANN MOIX
LA BEAUTÉ SINGULIÈRE

Existe-t-il une valeur littéraire ? Si oui, quelle est-elle ?

Pour répondre à cette question, il faut avant tout distinguer le *littéraire* de la *littérature* : si le premier répond à des critères pouvant exprimer une valeur objective, la seconde y échappe complètement. C'est l'université qui transforme la *littérature* en *littéraire*. Elle force le passage de l'œuvre (dans sa pure gratuité, dans sa pure tératologie, dans ce qu'elle a d'inédit, de monstrueux, de « sans valeur ») à une *matière littéraire* qu'on pourra étudier. Ce processus de normalisation procède d'un désir d'intelligibilité totale. Il donne à l'œuvre une valeur intrinsèque, dont elle est normalement dépourvue. C'est une conversion qui permet de mesurer ce qui, initialement, échappe à toute mesure. Le lecteur aplanit lui aussi la littérature pour en faire du littéraire. Je l'ai constaté dans la lettre qu'une lectrice a envoyée chez Grasset. Elle s'y plaint que mon dernier roman *Mort et vie d'Edith Stein* n'est grammaticalement pas correct. Tout est là : on confond trop souvent la *littérature* avec la *grammaire*, avec le *français*, comme on nous l'a enseigné. Or la littérature n'est pas une matière (la matière, c'est le français), elle n'a pas pour vocation de fournir des pages de dictées aux collégiens. La confusion entre *littérature* et *français* est malheureusement inévitable. Comme le dit Stanley Elkin dans *The Franchiser* (1976) : « Nous vivons dans des moules, moulages, pétris de paradigmes et de modalités. De formes reconnaissables. Pleins, oh, mon Dieu, pleins de marques de fabrique pour nous orienter. » Le propre de la littérature est justement de désorienter. Elle est libre. La normalisation de l'universitaire, comme l'aplanissement du lecteur, sont des processus de domestication, qui permettent le passage au littéraire.

On vous a reproché, à propos de Mort et vie d'Edith Stein, *d'être « désinvolte dans la forme ». Dans votre perspective, une telle critique est donc illégitime ?*

Bien sûr, puisqu'il n'y a pas de forme ! Du moins, pas de forme imposée de l'extérieur, pas de forme à laquelle se plier *a priori*. L'écriture, comme le pensait Proust, doit correspondre au cycle, au mouvement naturel de notre pensée, refléter notre nature. Elle ne doit pas être contrainte, déformée, afin de rentrer dans un moule. J'ai envie de dire, sans provocation, que la littérature est ce qui demande le moins d'effort possible. C'est pourquoi je trouve Flaubert meilleur, quand il ne rature pas, comme par exemple, dans sa *Correspondance*.

Céline aussi raturait beaucoup…

J'ai dit que l'effort était vain, je n'ai pas dit que le travail n'était pas nécessaire. Gombrowicz disait, à ce sujet : « La littérature est extrêmement facile, c'est pourquoi elle est extrêmement difficile. » Céline a travaillé sur la langue parce que sa manière de parler n'existait pas. Elle a été inventée par lui. Il lui a fallu la mettre au point, il a dû travailler pour la débarrasser de tout ce qui ne lui était pas naturel. De ce point de vue, *Voyage au bout de la nuit* est le livre qui lui a demandé le plus d'effort, ce n'est pas encore tout à fait Céline. Pour l'écrire, il s'est éloigné de ce qu'il était… Il va s'en rapprocher par la suite en travaillant : le chef-d'œuvre, c'est l'œuvre qui aura demandé le moins d'effort. Au fond, la littérature c'est comme le hockey sur glace : lorsqu'on joue au hockey, on ne fait pas d'effort pour « bien » patiner ; il ne s'agit pas d'être gracieux comme au patinage artistique, mais il faut savoir bien patiner *pour* faire un beau match. Pour le hockeyeur, patiner n'est qu'un moyen. Patiner de manière académique nécessiterait un effort qui le rendrait moins efficace et l'empêcherait de gagner son match.

On peut revenir par le biais de cette métaphore à la notion de « valeur littéraire » et voir tout ce qu'elle a d'extérieur à la littérature. Vouloir assigner une telle valeur à la littérature reviendrait à noter la façon de patiner d'un hockeyeur… Cette notion de valeur littéraire opprime l'artiste, parce qu'elle n'est pas posée par lui. Elle est posée, comme dit Sartre dans *Cahiers pour une morale*, par une conscience qui n'est pas la sienne. Or, la littérature est, on l'a vu, l'expression d'une conscience singulière. La littérature est la langue de l'écrivain, langue qui n'a pas de valeur en soi. C'est toute la différence entre la littérature et le littéraire : la littérature me transforme en subjectivité, le littéraire transforme en objectivité. L'autre (l'universitaire, le critique, le lecteur) a prise sur le littéraire, non sur la littérature.

On ne peut donc pas, selon vous, appliquer la notion de valeur littéraire à la littérature, puisque la littérature ne saurait être réduite au littéraire. Vaudrait-il mieux parler de valeur de la littérature ?

Oui, d'autant que, comme je l'ai expliqué, l'expression même de « valeur littéraire » est une tautologie : le *littéraire* implique qu'on se pose la question de la *valeur*. La littérature a peut-être, a sans doute de la valeur, mais cette valeur ne peut en aucun cas être *littéraire*. Elle est à chercher ailleurs, elle n'est pas intrinsèque, mais extrinsèque.

Qu'entendez-vous par là ?

La littérature est composée d'œuvres uniques. La question n'est donc pas de savoir ce qui fait la valeur d'un texte en général, mais de ce qui fait la valeur de ce livre, de ce roman. La littérature exclut tout phénomène de généralisation. Le romancier est celui qui refuse de s'inscrire dans le général. La littérature commence par ce refus. L'universel, ce n'est pas la littérature, mais ma littérature. La littérature en soi n'existe pas : ce qui existe, c'est ma littérature, qui, dès lors qu'elle existe, qu'elle est mienne, devient de la littérature. Toute littérature est unique, privée, singulière. Le véritable écrivain est celui qui veut s'extraire de la littérature. Et c'est, précisément, ce qui l'y fait entrer.

La littérature serait donc l'abolition du collectif ?

Exactement, le romancier refuse de se fondre dans l'ensemble : il est à lui-même, comme dit Sartre, ce *Moi qui est son œuvre*, mais sans l'indication rassurante d'une œuvre collective. Il faut souligner que cette abolition ne concerne pas seulement l'écrivain, mais aussi le lecteur. Si l'écrivain se débarrasse de toutes les généralités (de tous les autres écrivains), c'est pour s'adresser à une autre personnalité singulière (le lecteur, qui se débarrasse aussi de tous les autres lecteurs en lisant). L'unique va vers l'unique. On peut encore aller plus loin : car qui est le lecteur de l'écrivain, quand l'écrivain écrit ? C'est le lecteur idéal. Existe-t-il ? Oui : c'est l'écrivain lui-même, qui n'écrit, finalement, que ce qu'il aimerait lire. Le véritable écrivain écrit un livre dont il n'est pas seulement le premier lecteur chronologiquement, mais surtout qualitativement : le premier des lecteurs. L'écrivain écrit pour ce lecteur préféré qui est lui-même. N'est pas écrivain celui qui ne devient pas (au moins momentanément, c'est-à-dire au moment de l'écriture) son propre écrivain préféré ! Une phrase de Philip Roth, dans *Le Sein*, résume très bien ce que je veux dire : « Je lui léchais les cheveux. Je me surprenais, haletant, en train de lécher ma propre épaule. » Évidemment, c'est une illusion... Mais c'est de cette illusion que naît la création : le culot de la création ! Sans cela on ne pourrait écrire une ligne. Pessoa, dans le *Livre de l'intranquillité*, le dit clairement : « Au fur et à mesure qu'on écrit, constater que l'œuvre est effectivement imparfaite et ratée – voilà le maximum de torture et d'humiliation que peut endurer notre esprit. » L'illusion d'écrire un chef-d'œuvre est nécessaire à son écriture. Une fois notre livre achevé, on est évidemment en droit de retourner à Proust et de le « préférer » – encore que ce soit douteux. En effet, tant qu'on préférera Proust à soi, il faudra continuer à se débarrasser de Proust en continuant à écrire. Car qu'aime-t-on tant chez Proust ?

Lui.

Selon vous, devenir écrivain, ce serait refuser toute influence. Mais est-ce vraiment possible ? Refuser d'écrire comme un tel, n'est-ce pas écrire contre lui, c'est-à-dire par rapport à lui ?

C'est vrai. Beckett admirait Proust, donc il est devenu tout autre chose : lui-même. Mais ce lui-même est sans aucun doute un « lui-même » parmi d'autres. C'est le « lui-même » qu'il s'est choisi en réaction à la lecture de Proust. Ce n'est pas le même « lui-même » qui eût été atteint en voulant se débarrasser, par exemple, de Zola ou de Hugo. De Joyce ou de Wilde. Il faut donc se méfier de l'expression « être soi-même ». Non seulement on a été, on est devenu soi-même grâce à une (des) influence(s), mais ensuite on a construit un autre soi-même sur les ruines, grâce aux ruines, de ces influences. Mais abandonnons Beckett et Proust pour Pound et Hemingway, afin de préciser ce qu'est le refus des influences. Pound, donc, crée en 1912 l'école poétique « Imagiste », visant à dépouiller le style de tout superflu (en fait, pour lui, tout est superflu hormis l'image poétique). Il fait bénéficier Hemingway de son expérience, l'aidant à améliorer son style. En échange, ce dernier lui donne des leçons de boxe. Mais c'est là qu'on pourrait être surpris : Pound donne des conseils à Hemingway (se limiter aux mots essentiels, restreindre l'usage des adjectifs, etc.) que lui-même ne met pas en pratique. Pourquoi ? Parce qu'il sait que s'il faut aller à l'essentiel, c'est *pour soi*. Ce qui est essentiel pour l'un ne l'est pas forcément pour l'autre. L'essentiel, ce n'est pas forcément enlever des adjectifs. Il ne faut ôter le superflu que dans la mesure où le superflu c'est l'autre. Rien de ce qui est moi – fussent-ce les adjectifs ! – n'est superflu. Ce qui importe, c'est la création d'unicité. Pas d'unité, mais d'unicité. Aller à l'essentiel, c'est aller à soi. Le romancier est celui qui est unique, qui n'est l'anneau d'aucune chaîne. Se débarrasser de tout superflu, ce n'est pas parvenir à être seul dans son monde, mais à être seul dans le monde.

Dans ces conditions, peut-il seulement exister une norme du beau en littérature ?

C'est sans jugement de valeur, cette fois, je pense, que vous entendez « norme ». Mais encore faut-il distinguer les deux sens de ce mot : la *norme*, c'est d'abord ce qui est conforme à la majorité des cas. Prise dans ce sens, je la rejette, parce que s'il y a du beau, ce ne peut être que sous la forme de l'exception. Précisons qu'*exception*, ici, ne signifie pas accident : le beau, s'il existe, n'a aucune raison d'être fortuit. La *norme*, c'est ensuite, dans son sens le plus moderne, un procédé qui sécurise. C'est la norme technique, la norme de sécurité. Cette norme je la rejette aussi, le propre de la littérature étant, par nature, de franchir les lignes, de sortir des chemins balisés. On peut remarquer que ces deux définitions de la norme au fond se rejoignent : la norme, c'est la *conformité*. La conformité, c'est l'assurance illusoire, c'est l'utopie de la sécurité. Une norme du beau serait donc un beau « conforme à », c'est-à-dire une mesure du degré de sécurité du beau. Elle serait la recherche d'une sécurisation par le beau. Elle impliquerait une évaluation du degré de confort, de conformisme, de conformité du beau. Cette norme serait en outre l'expression d'un beau moyen, le beau de tout le monde, le beau du collectif. Or, comme je l'ai dit, l'écrivain est justement celui qui s'arrache du collectif. On ne sera donc pas surpris que je rejette toute idée de norme du beau.

Le beau, c'est entendu, ne peut être normé. Mais alors d'où vient-il ?

Le beau ne répond à aucune norme. Mais j'irai même plus loin : il est le contraire de la norme. Le beau naît de la surprise, de l'exception. Seule l'exception n'est pas confortable. Seule l'exception n'est pas conforme. Seule l'exception n'est pas conformiste. Le beau, c'est la naissance, la vie, la mort de l'émotion. Le beau, c'est la boucle bouclée de l'émotion, quand on la sent poindre, quand elle atteint son acmé, puis quand elle retombe, tandis qu'on veut la retenir, et enfin quand elle meurt, parce qu'il faut qu'elle meure puisqu'elle est vivante. C'est dans ce cycle que la littérature prend une valeur. Une valeur d'autant plus grande que le sera l'émotion. Mais qu'est-ce que cette émotion ? Ce n'est pas l'exactitude, ni la véracité, ni la conformité, c'est la vérité comme *aléthéia*, comme dévoilement. L'émotion littéraire, c'est le moment de dévoilement de la vérité. Chez la plupart des grands écrivains, et dans n'importe laquelle de leurs phrases, il y a une émotion cachée quelque part ; une vérité prête à être comprise ; un trait de génie qui attend. Qui attend notre lecture, notre attention. Qui a rendez-vous (depuis toujours) avec nous ; qui patiente là, qui attend le jour, le moment, la minute, la seconde de notre lecture. Pour moi le beau, ce n'est pas la phrase, c'est l'*émotion*.

En bref, je dirais que si la notion de valeur littéraire n'est pas pertinente, la littérature peut néanmoins avoir une valeur, quand elle suscite de l'émotion née de l'étonnement.

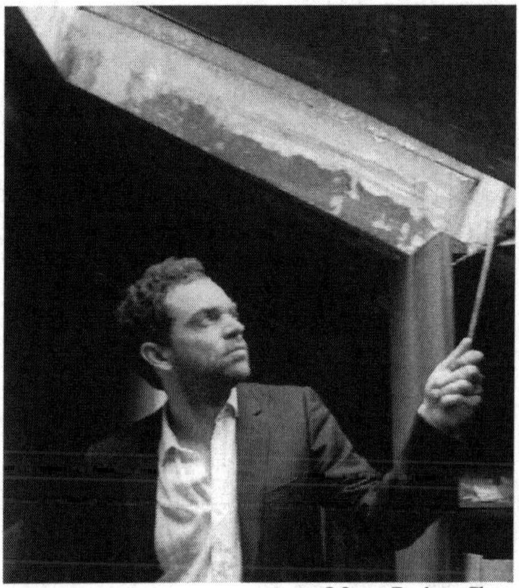

YANN MOIX

1968 : naissance à Sao Paulo (Brésil).

1996 : publie *Jubilations vers le ciel.*

1997: publie *Les cimetières sont des champs de fleurs.*

2000 : publie *Anissa Corto.*

2002 : publie *Podium* (le livre).

2004 : publie *Partouz* et *Transfusion.*

2004 : réalise *Podium* (le film).

2006 : publie *Panthéon.*

2008 : publie *Apprenti-Juif.*

2008 : publie *Mort et Vie d'Edith Stein.*

JEAN-CLAUDE PERRIER
LE RESPECT DU LECTEUR

Existe-t-il, selon vous, quelque chose comme une hiérarchie des textes littéraires ? De la bonne littérature et de la mauvaise ? Vivons-nous, au contraire, dans le monde du relativisme absolu où tout s'équivaudrait ?

Non, tout ne s'équivaut pas. Il y a des livres qui sont de la littérature, et des livres qui n'en sont pas. Les critères sur lesquels le choix se détermine restent cependant totalement subjectifs. Même s'il y a un consensus autour d'un texte, autour d'un écrivain. Par exemple, je ne pense pas qu'il existe en France une seule personne pour prétendre que l'œuvre de Julien Gracq n'est pas de la littérature. Mais, à part quelques exemples très consensuels comme celui-là, il peut y avoir débat sur la majorité des auteurs ou sur certains de leurs livres, jugés plus faciles – et donc non littéraires. En outre, la notion de *valeur littéraire* évolue vis-à-vis des genres. Par exemple, il n'y a pas très longtemps, le roman policier, le roman historique, la bande dessinée, la Science Fiction, ne faisaient pas partie de la littérature. Il est pourtant indéniable qu'il existe de bonnes B.D., de bons polars, de bons livres de S.F. Autrefois, la critique regardait ces genres littéraires-là avec dédain, parce qu'ils n'appartenaient pas aux genres *nobles* : la poésie et le roman. La valeur littéraire dépend donc essentiellement du sentiment du lecteur : c'est quelque chose qu'on éprouve, mais qu'on ne peut pas définir sans difficulté. C'est ce qui explique que la critique littéraire soit un domaine bâti sur du sable : on raisonne sur de l'humain, sur du subjectif, sur de l'évolutif. Il est très dur d'être dogmatique sur des bases aussi fragiles. N'étant pas dogmatique, j'aurais tendance à dire qu'il existe bien quelque chose comme la valeur littéraire, mais qu'il n'est presque pas possible de la définir en fonction de critères objectifs.

Vous vous refusez donc à considérer un genre comme étant noble par essence, comme étant naturellement littéraire, tandis que d'autres genres seraient des sous-genres non littéraires, excluant naturellement le texte du monde de la littérature et du monde de la valeur.

Oui ! Même si la question du genre a été un critère distinctif pendant très longtemps. Je soutiens qu'un bon roman historique, genre qu'on a longtemps considéré comme mineur, a plus de valeur littéraire qu'un mauvais recueil de poèmes. Des vers de Mirliton, c'est de la poésie, mais ça n'a pas de valeur littéraire. Un excellent roman historique, au contraire, peut être un pur chef-d'œuvre. Je pense au *Grand Vizir de la nuit* de Catherine Hermary-Vieille, qui est extrêmement littéraire, extrêmement sophistiqué.

Vous disiez tout à l'heure que certains auteurs publient des textes parfois « plus faciles », ce qui les condamnerait dans l'esprit des critiques. Pourriez-vous développer cette idée ?

Le probème est de savoir ce qui confère de la valeur à un texte. Est-ce la signature de l'auteur ? Autrement dit est-ce que, à partir du moment où on s'appelle Gracq, Modiano, Le Clézio ou Sollers, tout ce qu'on fait est nécessairement estampillé du sceau de la littérature ? Comme marqué par un label de qualité ? Ou est-ce qu'on peut considérer qu'un mauvais livre d'un de ces auteurs, s'il y en a (je n'en sais rien), n'aurait pas de valeur littéraire ? Doit-on juger un texte à l'aune du projet, de l'œuvre (au masculin) de son auteur ? Ou doit-on juger sur pièce ?

Ce qui m'intéressait tout particulièrement dans le raccourci que vous présentiez tout à l'heure, c'est que, selon certains critiques, si un livre semble « plus facile », alors il ne peut pas relever de la bonne littérature. Autrement dit, pour ces critiques, un bon auteur ne devrait jamais faire d'effort pour conquérir son lecteur. Dans leur esprit, la littérature serait entière et pure, ou elle ne serait pas. Tout effort de séduction serait prostitution, travestissement de l'art au profit d'un souci commercial. J'ai cru sentir que vous désapprouviez cette conception. Lorsqu'un écrivain fait un effort vers un lectorat moins lettré, moins exigeant, cela revient-il nécessairement à détruire, ou pour le moins amenuiser, la qualité du texte ?

Non ! Sûrement pas. Sûrement pas parce qu'il faut se mettre d'accord sur les définitions. Qu'est-ce que la valeur littéraire ? Pour moi, un livre de valeur est un livre qui remplit sa *fonction*. Un livre de valeur, c'est un livre qui ne vole pas le lecteur. Si demain un poète de haut renom écrit un roman historique et que ce roman historique est raté, alors je considèrerai qu'il a volé son lecteur. Tandis qu'un romancier historique, sérieux, qui publie des romans historiques de qualité constante et qui correspondent aux attentes du public, respecte son contrat. Ses textes ont donc une valeur littéraire. La notion de *valeur littéraire*, encore une fois, ne peut pas être définie avec dogmatisme, par rapport à une espèce d'absolu littéraire, de paradigme.

La valeur serait donc relative à l'usage et à l'attente du lecteur ?

Complètement. D'ailleurs – j'aurais même dû commencer par là – il faut au préalable définir ce que l'on entend par « critique littéraire », c'est-à-dire qu'il faut définir cette instance qui prétend normer la littérature. À quoi sert la critique littéraire ? Quels sont sa place et son statut ? Selon l'acception classique, le critique littéraire est une personne sans formation particulière rémunérée pour lire des livres et écrire dessus. Pour dire ce qu'elle en pense. Voilà, *stricto sensu*, la définition du critique littéraire. Cette personne-là ne m'intéresse pas. Vraiment pas... En ce qui me concerne, je me considère plutôt comme un *passeur* : j'ai un côté volontairement pédagogue. Pour moi, un critique littéraire, c'est quelqu'un qui a une longueur d'avance sur le public. Parce qu'il pratique beaucoup, qu'il a une certaine expérience, il est capable de repérer des ouvrages qui ont une valeur. Il doit mettre au service de ses lecteurs son expérience, ses goûts, ses recherches... Il doit les guider, les aider à faire les bons choix. Il doit faciliter aux autres l'accès aux livres, je veux dire : l'accès au maximum de bons livres. Voilà pourquoi je dis qu'un critique littéraire est un *passeur*. C'est quelqu'un qui a la chance d'avoir une culture et un métier qui lui permettent d'avoir accès à tous les livres qui paraissent (ou au moins à une partie des livres qui paraissent et qui lui semblent intéressants) et qui est là pour transmettre l'envie de lire au public.

Vous semblez distinguer deux types de critiques littéraires : ceux que vous jugeriez compétents, et ceux qui ne comprennent pas exactement le rôle qui leur est dévolu et qui ne font pas acte de guide, d'aiguillon.

Dans une certaine mesure, oui. Mais c'est une question d'expérience et de goût plus que de compétence (au sens où la *compétence* serait attestée par un diplôme). J'ajouterais que le travail du critique littéraire a évolué. Aujourd'hui, il n'y a plus de critique littéraire à l'ancienne, à la Jaloux, à la Henriot ou à la Pierre-Henri Simon. Sauf Angelo Rinaldi, que je trouve plutôt amusant tant il est ridicule. Ses chroniques sont devenues totalement illisibles. Le style en est boursouflé et sent le narcissisme. La plupart du temps, ce ne sont que des exercices de style qui compliquent, en général, inutilement les choses. Il m'est arrivé plusieurs fois de lire une critique où il traitait de deux livres – car c'est l'un de ses plaisirs : mélanger plusieurs ouvrages à la fois – sans savoir, aux termes de l'article, s'il les avait aimés ou pas. Parce qu'on n'y comprenait rien ! Sa plume est trop chantournée, trop ouvragée, trop alambiquée… Angelo Rinaldi est le parangon de ces critiques littéraires qui sont plutôt des feuilletonistes que de véritables guides. Ils ne se préoccupent pas de donner envie de lire. Leurs propos ne consistent qu'à se mettre en avant. Je suis évidemment très content, quand je lis un papier qui est bien écrit, bien tourné, agréable et léger. Mais, à mes yeux, le but n'est pas là. Le critique littéraire doit s'en tenir au rôle de *passeur* : recommander (ou non) la lecture d'un ouvrage auquel il reconnaît une valeur ou la lui dénie. C'est un relais, un médiateur : un *média*, au sens propre du terme. C'est pourquoi il doit aussi être un médium et dénicher les jeunes auteurs, les écrivains de demain.

De quels moyens le critique littéraire dispose-t-il pour remplir sa fonction de passeur ?

Vous voulez dire pour rédiger son texte ? Le livre d'abord. Celui qu'il lit et qu'il critique. Mais il doit également évoquer la vie et l'œuvre de l'auteur. Car un livre est toujours un texte écrit par un écrivain. Il y a donc le texte et l'auteur, comme deux volets indissociables de la matière première du critique... On retrouve ici l'éternel débat entre Proust et Sainte-Beuve ! Personnellement, je me sens plutôt proche de ce dernier. Il n'est cependant plus possible de développer aussi longuement que lui nos avis. Nous ne disposons que d'un espace relativement réduit. Ce critère matériel est important. Autrefois, les Edmond Jaloux et compagnie avaient à leur disposition toute la place qu'ils souhaitaient : on ne leur marchandait pas le feuillet. Ils n'étaient pas limités, même à six ou douze feuillets. Ils écrivaient vingt pages, s'ils en avaient envie. Aujourd'hui, quand on dispose de deux feuillets, la rédaction considère qu'elle vous fait une fleur. La norme, c'est plutôt huit cents signes pour rendre compte d'un roman de cinq cents pages... Dans de telles conditions, il faudrait vraiment être génial pour faire de la littérature tout en répondant à l'exigence première de notre métier, qui est de chroniquer le livre. En bref, le matériau de travail du critique littéraire, c'est un texte écrit par un écrivain. Avec ça, il doit rédiger un papier incitatif (de préférence) ou dissuasif. Même si la critique négative me paraît un peu gratuite : je n'aime pas la critique d'humeur, qui d'ailleurs est un peu passée de mode.

Pour quelles raisons ?

L'exercice pamphlétaire est toujours facile. C'est facile de démolir un livre, ou un auteur. C'est facile d'être vache, de se moquer. Et c'est bien rare si dans un livre de deux cents pages, on ne trouve pas cinq phrases mal construites, deux fautes d'orthographe, trois platitudes... Toutes les œuvres sont imparfaites. Pour démolir, il n'est pas besoin d'être lecteur. Il suffit de faire ressortir ces maladresses ou ces erreurs, d'user d'un peu d'ironie. Le persiflage, dont s'amusent ceux qui le pratiquent, peut briser une carrière.

La satire est pourtant un genre très goûté des Français.

Oui ! Mais les cuistres me fatiguent. Ils s'exclament : « Ah ! quel âne ! » Parce qu'effectivement, dans tout livre, il peut y avoir des scories. Même chez les plus grands écrivains, on peut trouver des maladresses et des incorrections. Tout Proust n'est pas uniformément génial. Je ne m'abandonne donc que rarement à ce genre de critique. Sauf si je considère qu'il y a *escroquerie*. Sauf si j'estime que le livre ne répond pas à la promesse (plus ou moins explicite) qu'il fait au lecteur. Dans ce cas, je m'autorise à être plus virulent, plus négatif, voire caustique. C'est mon rôle de prévenir mes lecteurs. Je ne peux pas les laisser dépenser dix-huit ou vingt euros pour acheter un livre qui les décevra. C'est pour cette raison que j'aime travailler pour *Livres-Hebdo*. Il faut comprendre que le type de critique que l'on écrit est conditionné par le média pour lequel on travaille. *Livres-Hebdo* est un journal professionnel qui sert de relais auprès des libraires et des bibliothécaires. Jamais on ne lira dans les « avant-critiques » de *Livres-Hebdo* de vraies démolitions. Ce n'est pas notre rôle. En revanche, l'opinion de *Livres-Hebdo* s'exprime par ses choix ou ses non-choix. Et ensuite par ce que chacun dit dans ses papiers. Nous gâcherions le peu de place dont nous disposons en le consacrant à des critiques négatives. Pourquoi, si on est critique littéraire, aller choisir des mauvais livres ? Mieux vaut ne pas en parler.

Vous avez évoqué les critiques littéraires qui vous déplaisent. Mais vous n'avez pas évoqué ceux que vous reconnaissez comme vos pairs. Vous reconnaissez-vous des modèles ? Y a-t-il des critiques littéraires que vous estimez plus particulièrement ?

Non. Sans doute parce que je n'en ai pas lu assez. À mes yeux, le modèle de critique littéraire est plutôt à chercher du côté des écrivains, comme Mandiargue, qui a écrit des notes assez brèves où il donnait l'envie de lire les livres qu'il aimait, les poètes qu'il chérissait. Ses critiques sont des textes très beaux, très écrits, très incitatifs, pleins d'admiration et de générosité. Voilà peut-être mon modèle. Mais je ne prétends pas atteindre cette perfection.

Pour en revenir spécifiquement à ce qui fait la valeur littéraire d'un texte, le critique dispose-t-il d'indices qui puissent la lui révéler ?

Oui. Mais ces indices sont très flous. Ils laissent une part importante à l'interprétation du lecteur. Par exemple, selon certains, le critère objectif d'un mauvais livre résiderait dans son style : un mauvais livre serait un livre *mal écrit*. Mais mal écrit par rapport à quelle norme ? Par rapport à une certaine conception qu'on se fait de la langue ? Céline ne respecte pas les normes du « beau style ». Est-il pour autant mauvais écrivain ? Lors de sa parution, certains critiques ont jugé que *Voyage au bout de la nuit* était écrit par un vandale. D'autres, en revanche, ont admiré Céline pour les libertés qu'il prenait vis-à-vis des normes stylistiques de son temps. C'est la même chose qui dérangeait les uns et enthousiasmait les autres ! On voit que le style est quelque chose de très subjectif, d'indéfinissable absolument. Presque d'insaisissable. Quand je lis un livre que je trouve bien écrit, je ne me demande pas par rapport à quels repères je considère que ce livre est bien écrit. Je sais seulement que je suis sensible à la musique de la langue ou à l'originalité des thèmes. Ce sont mes goûts qui me poussent à préférer ce livre-ci à ce livre-là. Un style qui m'a plu pourra déplaire à un autre, s'il n'est pas sensible aux mêmes éléments que moi.

Je souhaiterais aborder avec vous la question de la valeur littéraire par un autre biais. Vous n'êtes pas seulement critique, vous êtes également écrivain. Vous avez publié, en avril dernier, Passage de la mère morte *aux éditions*

Stock. Il s'agit d'un récit autobiographique qui évoque le lien ambigu et douloureux que le narrateur entretient avec sa mère, décédée. La presse a salué les qualités de style de cette autofiction.

Merci. Il faut rendre à cet égard hommage mes éditeurs, qui ont fait un formidable travail.

Mais pour rester concentré sur le sujet de la valeur littéraire, qu'avez-vous recherché en écrivant ce livre ? Quelles étaient vos exigences ? Sur quoi souhaitiez-vous faire reposer la valeur de votre récit ?

Le style, d'abord. Et tant mieux si la presse l'a remarqué. J'écrivais dans une certaine allégresse. Même si les souvenirs relatés ne sont pas tous agréables. Il y a indéniablement une certaine schizophrénie de l'auteur, qui prend plaisir à raconter une histoire (en l'occurrence vécue) qui peut être douloureuse, traumatisante. Quand j'écrivais ce livre, je revoyais des images, des souvenirs. Les mots transfigurent les maux. C'est la certitude que m'a donnée ce travail.

Est-ce ainsi que l'on doit entendre ce Passage de la mère morte *? S'agit-il de passer des maux aux mots ? De guérir la souffrance par le verbe ?*

Tout à fait. Le titre joue sur le mot « passage ». Certes, la mère passe. Mais ce livre est aussi le moyen de passer de la mère morte à autre chose. J'espère y être parvenu...

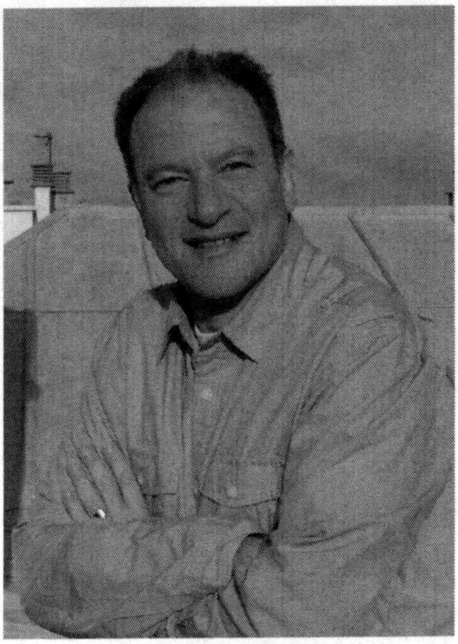

photo : © Francesca Mantovani

JEAN-CLAUDE PERRIER

1957 : naissance.

1980 : débute sa carrière de journaliste littéraire au *Quotidien de Paris.*

1988 : publie son 1er livre, un roman, *Le Fou de Dieu, Héliogabale.*

Depuis 1997 : est journaliste littéraire à *Livres-Hebdo* et au *Figaro Littéraire.*

2008 : publie *Passage de la mère morte.*

GUILLAUME DE SARDES
L'ESTHÉTIQUE DE L'INTENSITÉ

On lit dans votre roman, Giovanni Pico, *une attention constante au style et à la langue française, que la critique et les journalistes ont saluée. Est-ce à dire que la question de la valeur littéraire revêt une importance décisive pour vous ? Et si oui, comment la définiriez-vous ?*

Il me semble difficile de définir de façon abstraite et absolue la notion de « valeur littéraire ». Il n'y a pas de valeur littéraire des romans, mais simplement une multitude de romans auxquels on reconnaît *une* valeur, en fonction de nos goûts et de nos intérêts. Mes goûts me portent à apprécier des ouvrages comme les *Mémoires* de Saint-Simon, *Point de lendemain* de Vivant Denon, *Adolphe* de Benjamin Constant, *Voyage autour de ma chambre* de Xavier de Maistre, *Alexis* de Marguerite Yourcenar, *Hécate et ses chiens* de Paul Morand, *La Frontière* ou *Tous les matins du monde* de Pascal Quignard, etc. Si tous ces livres me plaisent, si je suis prêt à leur reconnaître une valeur, c'est qu'il existe entre eux un caractère commun, quelque chose qui me les fait aimer au-delà de leur différence. Ce caractère commun, c'est l'*intensité*, qu'elle se manifeste dans leur forme, leur contenu ou leur style. Tous ces livres participent de la même esthétique que j'appellerais volontiers « l'esthétique de l'intensité ».

N'est-ce pas faire de l'intensité l'instance même de la valeur en littérature ?

En quelque sorte. Je dirais plutôt que l'intensité d'une

œuvre est ce qui révèle, à mes yeux, sa valeur littéraire.

Mais qu'est-ce que l'intensité ? Comment sait-on qu'une œuvre est intense ?

L'expression la plus immédiatement visible de cette esthétique de l'intensité se trouve dans la forme : brève. *Zadig, Point de lendemain, Adolphe, Alexis, La Mort de Napoléon* (de Simon Leys) ou *La Frontière* n'excèdent pas les cent pages. Si les textes courts sont caractéristiques de cette esthétique, c'est que, me semble-t-il, plus l'énergie est libérée rapidement plus elle est importante. Je repense à Joubert, qui a écrit à ce propos : « Les petits livres sont plus durables que les gros ; ils vont plus loin. Ce qui est exquis vaut mieux que ce qui est ample. » Régis Jauffret est allé jusqu'au bout de cette logique dans *Fragments de la vie des gens* et *Microfictions*. Les très courts récits (d'une à quelques pages) qui constituent ces deux livres tirent leur force de leur brièveté. Ils sont indéniablement réussis. Plus léger et poétique, le roman d'Eugène Savitzkaya, *Marin mon cœur*, est composé de cent saynètes autour de l'enfance de son fils. Certaines sont si brèves qu'elles confinent à l'aphorisme. La brièveté n'est cependant pas la seule spécificité de l'intensité. Une œuvre intense ramasse l'action et concentre ses moyens autour d'une intrigue simple.

Racine n'aurait pas dit autre chose… Ne craignez-vous pas d'être un peu en porte-à-faux avec ce qui se fait couramment et qui définit la littérature contemporaine ?

Non, au contraire. Je partage l'opinion de Jean-François Revel selon laquelle l'idée de nouveauté, devenue inséparable de toute introduction d'une œuvre sur le marché, joue exactement le rôle des conceptions académiques d'il y a un siècle. Il n'y a rien de plus commun que de vouloir, coûte que coûte, rompre avec la tradition. Ce culte de la nouveauté est si peu neuf qu'il inspirait déjà à Montherlant, en 1934, des propos acerbes : « Pour Mlle de Bauret nouveauté était synonyme de valeur. C'est là un signe certain de barbarie : dans toute société, ce sont toujours les éléments d'intelligence inférieure qui sont affamés d'être à la page. Incapable de discerner par le goût, la culture et l'esprit critique, ils jugent le problème automatiquement d'après ce principe, que la vérité est la nouveauté. » Si je peux apparaître aux yeux de certains comme un anti-moderne, cela me convient. Je me retrouve dans cette tradition qui prend ses sources chez Horace pour qui « l'œuvre sera ce qu'on voudra, il faut tout au moins qu'elle soit simple et une. » Je dirai même que les reproches de ceux qui jugent mon style anachronique me font plaisir, si l'on considère que c'est une critique qu'on adressait aussi à Montherlant. Ce d'autant que ma pensée me semble fondée : il faut rechercher la simplicité car on ne saisit jamais sans effort le sens d'un texte. Notre esprit est limité : les difficultés le fatiguent, il se perd dans les digressions. Pour être intense, une œuvre doit d'abord être intelligible, c'est-à-dire accessible et claire, « simple et une ». C'est ce que pensait déjà Diderot à propos de la peinture. Il en va de même en littérature.

Refusez-vous donc toute complexité ?

J'ai tendance à penser que ce qui se conçoit bien s'énonce clairement. Pourtant, il arrive qu'on doive taire certaines choses pour qu'elles apparaissent en pleine lumière. C'est ce que Proust appelait les « blancs ». Si je n'aime pas ce qui est complexe, vous voyez que j'apprécie ce qui est subtile. Ce n'est d'ailleurs pas surprenant, ce qui est subtile étant plus intense que ce qui est complexe.

Pourriez-vous développer cette idée ?

Bien sûr. Une œuvre n'est pas intense si elle n'a pas une cohésion intérieure, sous-jacente aux phrases. Une cohésion qui les déborde, et sous-tend les intervalles qui les séparent. Dans une œuvre médiocre, les phrases sont séparées par des intervalles inertes, les blancs sont des espaces neutres. Dans une œuvre réussie, il s'établit au contraire des échanges d'une phrase à l'autre à travers un vide animé, chargé d'émotion. On peut appliquer à la littérature le propos d'André Masson : « La grande peinture est une peinture où les intervalles sont chargés d'autant d'énergie que les figures qui les déterminent. » Il existe, en effet, dans la grande littérature une dialectique entre ce qui est dit et ce qui ne l'est pas – le dit et le non-dit s'engendrant l'un l'autre. Le non-dit (Proust dirait le « blanc ») est l'espace nourricier des émotions ; et c'est en appréhendant celles-ci en creux qu'on leur donne le plus d'intensité. L'essentiel étant indicible, le roman ne peut que parler à côté du sujet. Il cerne un manque. Un roman réussi est pareil à un sceau gravé *intaglio* qui livre son message en blanc, ne révélant son dessin que grâce à l'absence de matière. Un roman raté est un roman qui en dit trop. C'est ce qu'a senti José Cabanis à la lecture de *L'Ascension de M. Baslèvre* d'Édouard Estaunié : « Et pourquoi écrire, lorsqu'on écrit si mal ? Une scène d'amour ? L'amant approche de sa maîtresse, et "l'enveloppe d'une étreinte puissante". La quitte-t-il pour jamais, il envoie un baiser du bout des doigts : "Ce fut l'adieu suprême, déchirant dans sa simplicité." Nous aurions été déchirés, peut-être, si on ne nous l'avait point dit. » Ici, pas d'émotion, pas d'intensité. Les sentiments raffinés ne se manifestent qu'en creux... L'exemple d'Estaunié montre qu'on ne doit jamais révéler qu'une moitié de la scène pour en mieux suggérer la totalité. Non seulement l'émotion atteint son maximum d'intensité sans avoir besoin d'être entièrement explicitée, mais si elle réussit à atteindre son maximum, c'est précisément parce qu'elle ne l'est pas entièrement. Les blancs du roman en constituent la part active. Ils permettent de suggérer ce qu'il serait impossible de dire sans l'amoindrir. Quand l'auteur sent qu'il est impossible d'ajouter un mot (et c'est sans doute cela le talent, voire le génie), il s'arrête. C'est le blanc. Alors, pour le lecteur, commence le rêve. Il y a, dans chaque œuvre réussie (ou intense, c'est la même chose), une sous-narration, courant sous la description, qui accompagne en mineur le récit. Elle se développe dans les blancs et les ellipses. Proust est aller jusqu'à écrire que la plus belle chose de *L'Éducation sentimentale* n'était pas une phrase, mais un blanc.

Donc, si je comprends bien, une esthétique de l'intensité se reconnaît à la capacité de l'écrivain à ramasser dans une intrigue simple et brève toute son action, et de préserver l'essentiel, par des sous-entendus. Est-ce bien cela ?

C'est un peu réducteur, mais en quelque sorte oui. Toutefois, on peut remarquer que les écrivains que j'évoque ici usent d'autres moyens pour gagner en intensité, c'est-à-dire charger leur texte d'une force dynamique. Ainsi, le double sens et l'ironie sont-ils particulièrement prisés. Le propre de l'ironie est de dire le contraire de ce qu'on veut faire entendre. Sa matière est l'antiphrase, son but presque toujours la raillerie. La phrase ironique a deux sens, son intensité vient de l'écart entre ces deux sens, la lettre et l'esprit (deux pôles entre lesquels s'établit une tension). L'ironie la plus fine est celle dont le véritable sens ne sera jamais tout à fait clair, c'est l'ironie ambiguë. Le double sens fonctionne un peu de la même manière. La différence est que son auteur ne suggère pas le contraire de ce qu'il semble dire, mais autre chose. C'est par exemple l'abus d'un mot qu'on présente dans un sens et qu'on laisse entendre dans un autre. Ironie et double sens permettent d'élever l'intensité d'une phrase en créant une tension entre un sens qui est littéral et un autre sous-entendu. De la même manière que le blanc, ils tirent leur efficacité de ce qu'ils ne disent pas les choses. Là où le blanc ne dit rien, ironie et double sens suggèrent. Ce genre a son maître : Voltaire. Au XXe siècle, Simon Leys l'a pratiqué avec un rare bonheur dans *La Mort de Napoléon*. Mais c'est Montherlant qui s'est montré le mieux doué pour l'ironie. Voici le portrait qu'il dresse de Léon de Coantré, dans *Les Célibataires* : « Son horreur de se contraindre en quoi que fût le rapprochait du peuple, lui faisait choisir, pour camardes préférés, des garçons du peuple, pour maîtresses des cousettes ou des bonniches ; avec eux il n'avait pas à se gêner. Les gens du monde étaient ses bêtes noires : physiquement, il ne pouvait pas désirer une femme qui avait de la naissance. » Et puis, une page plus loin, ce trait : « Comme c'est beau, un jeune noble, qui retrousse ses manches, qui aime les ouvriers, qui va de l'avant ! »

Ainsi un texte intense serait presque nécessairement chargé d'humour ?

Pas nécessairement. L'humour n'est qu'un moyen parmi d'autres d'être intense. Je le distingue d'ailleurs du double sens et de l'ironie. Selon moi, l'humour naît moins de la suggestion que du contraste. Éric Chevillard excelle dans ce genre : « Certains organismes – écrit-il – supportent mal d'être mis en pièces. Un seul exemple, on a toutes les peines du monde à lancer au galop un pur-sang équarri. » L'image, qui pourrait être macabre, est amusante. L'usage de la litote et le jeu de mot « pur-sang équarri » font sourire. Mais la drôlerie vient surtout du contraste qui existe entre le caractère général et sérieux de la première considération et la violence et l'absurdité de l'exemple qui l'illustre. Entre les deux se crée une tension qui rend ce passage « exquis », pour reprendre le terme de Joubert. En bref, si une œuvre n'est pas soutenue par des émotions ou des idées en creux, elle manque de souffle. Les qualités techniques qu'elle peut présenter par ailleurs restent vouées à l'inutilité. Si au contraire elle est habitée par cette émotion courant sous le récit, même ses maladresses d'exécution s'en trouvent rachetées. *Adolphe* en est le parfait exemple. Dans cette perspective, le premier travail du critique est de jauger l'intensité dont est chargée une œuvre, qu'elle provienne des blancs, de la suggestion ou des effets de contraste.

À vous entendre, il semble que vous ne portiez pas beaucoup d'attention à l'originalité du thème…

Tout à fait. Je sais que cette idée heurte les habitudes ; mais l'originalité ne constitue pas en elle-même une valeur. Dès lors que l'écrivain réussit à charger les intervalles d'émotion, ou à créer une tension grâce à l'ironie, au double sens ou à l'humour, il importe peu que le prétexte formel soit neuf ou qu'il soit emprunté. Une copie peut ainsi surpasser son modèle dans la mesure où, sur un thème emprunté, elle est d'une intensité supérieure. C'est ainsi que le *Dom Juan* de Molière supplante *L'Abuseur de Séville* de Tirso de Molina. L'esthétique de l'intensité donne à l'expression la primauté sur l'invention. D'ailleurs, personne n'invente rien. Même un auteur aussi original que Tony Duvert le reconnaît : « il y peu de création dans la création – écrit-il dans son *Abécédaire malveillant* –, et je copie moi aussi, même si les modèles ne sont plus sous mes yeux. »

L'imagination de l'écrivain n'est donc pas, selon vous, un critère pertinent pour évaluer son œuvre. Seul compterait son style, sa faculté à faire passer une émotion par l'écrit. Peu importerait finalement, qu'un auteur soit un découvreur : cela ferait tout au plus de lui un être inspiré, mais cela ne ferait pas de lui un écrivain. Autrement dit, vous semblez définir la valeur littéraire par une charge émo-

tionnelle que seule l'écriture sait constituer et véhiculer. Est-ce exact ?

Encore une fois, je ne suis pas aussi systématique. Accorder peu d'importance à l'originalité ne veut pas dire qu'on n'en accorde aucune. Entre deux œuvres d'une intensité égale, la plus originale me paraîtra la meilleure. *Éden, Éden, Éden* de Pierre Guyotat, par exemple, est une œuvre dont j'admire la force, sans pour autant en méconnaître la nouveauté.

L'attention au style est toute naturelle chez un auteur. Mais n'est-ce pas un peu réducteur de ne considérer le style d'un écrivain que par l'intensité qu'il dégage ?

Certes. C'est pourquoi je distingue au moins deux grands types de style : le premier se caractérise par une tendance à l'ampleur, l'abondance, l'égalité du ton ; le second par une aspiration à la concentration, la vitesse, les trouvailles verbales, les effets d'imprévu et de violence. La première tendance, illustrée par Buffon, Tocqueville, André Gide, Julien Green, Claude Simon ou Houellebecq correspond à une esthétique de l'équilibre, la seconde de l'intensité. On la trouve chez Saint-Simon, Paul Morand, Henri de Montherlant, Céline, Pascal Quignard, Tony Duvert ou Eugène Savitzkaya. On peut faire remonter ces deux traditions à Cicéron pour l'une, à Albucius et Tacite pour l'autre. À propos d'Albucius, je ne saurais trop recommander le beau livre que lui a consacré Pascal Quignard.

Pourriez-vous donner des exemples de ce que vous appeler un style intense ?

Pour cela, il suffit d'ouvrir au hasard les *Mémoires* de Saint-Simon. Ses images sont particulièrement expressives (Lauzun a une figure de « chat écorché »), violentes (l'archevêque de Rouen est un « excrément de séminaire »), inattendues (l'épouse du chancelier Voysin est « pleine d'inventions, d'amusements, de plaisirs, de fêtes » – mais comment une femme seraitelle pleine de fêtes ?) ou charmantes (le vicomte de Polignac est « un petit bilboquet qui n'avait pas le sens commun »). Elles sont dans tous les cas très évocatrices. Sous la plume de Saint-Simon, un homme (ici le duc d'Orléans) n'est jamais apathique, mais « comme une poutre de bois ». Lorsqu'il écrit, ce n'est jamais convenu. Son style est si libre, direct, neuf qu'en comparaison, celui de Voltaire paraît policé, solennel et respectueux. Voici ce qu'il dit du bas clergé, qu'il méprisait : « Il employa des barbes sales de Saint-Sulpice et de ces cagots abrutis de barbichet des missions, qui ont la cure de Versailles ». Ce style qui est le contraire du beau style est d'une incroyable intensité. Chez Saint-Simon, il n'y a pas de verbiage, pas de chevilles, tout est serré, substantiel ; il va au fait, au but. Chez la princesse d'Harcourt, « les grâces et la beauté s'étaient tournées en gratte-cul ». À tout moment un terme concret lui sert à définir, peindre, évoquer, montrer. Saint-Simon écrit selon son mode, non selon la mode du temps, cherchant toujours pour ce qu'il a à dire l'expression la plus intense. Deux siècles plus tard, on retrouve cette faculté d'invention chez Montherlant. Léon de Coantré est ainsi « chaste comme un chat coupé » alors qu'Élie de Coëtquidan « grogne de joie – hrr... hrr... – comme un fourmilier dans sa cage, quand on lui apporte sa pâtée. » Notons au passage combien ces métaphores animales ressemblent à celles de Saint-Simon (dans les *Mémoires*, Pussort, l'oncle de Colbert, a « une mine de chat fâché », Desmarets est « un sanglier enfoncé dans sa bauge » et le marquis de Mézières a « un visage de grenouille écrasée »). Vous devinez qu'entre ce style intense et le style équilibré ma préférence va au premier. Et ce n'est pas là qu'une affaire de goût. Il me semble qu'une œuvre qui sait être économe de ses moyens, qui sait ramasser sa narration et condenser ses idées est une œuvre mieux composée. Certes, on y perd le côté « monumental » ; et l'on sait combien Proust, par exemple, aimait les cathédrales... Mais je considère pour ma part que les œuvres romanesques qui ne sont pas intenses épuisent en pure perte le lecteur aussi bien que l'auteur. C'est pourquoi j'aimerais répondre à votre question initiale (« qu'est-ce qui fait la valeur littéraire ? »), en affichant ma conviction personnelle. Un mot suffit : l'intensité.

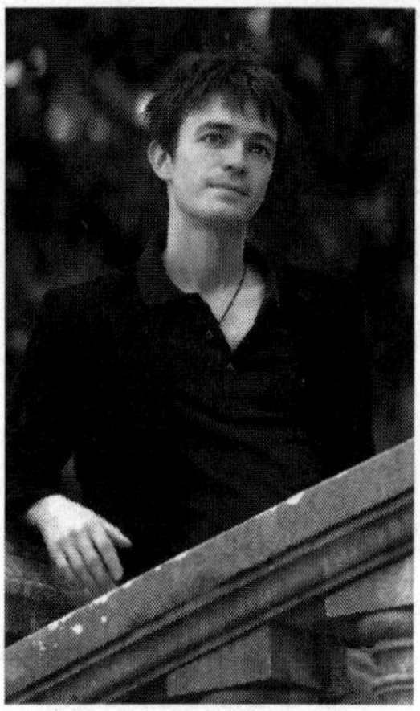

GUILLAUME DE SARDES

1979 : naissance.

2006 : publie *Nijinsky, sa vie, son geste, sa pensée.*

2004-2006 : enseigne l'histoire de l'art à l'Université.

2006 : fonde la collection "Danse" chez Hermann.

2007 : publie son premier roman, *Giovanni Pico* (Prix Ulysse du Premier roman).

2008 : publie son deuxième roman, *La Dernière Passion de Son Éminence.*

Josyane Savigneau
Savoir admirer

« Informer m'a toujours semblé une fonction salutaire, une manière d'empêcher la machine sociale de tout niveler », écrivez-vous dans votre nouveau livre, Point de côté, *tout juste paru aux éditions Stock. Vous avez toujours voulu lutter contre le nivellement – qui se fait toujours par le bas, dites-vous – et avez œuvré pour la promotion d'une certaine idée de la littérature. Au détour de votre autobiographie, votre propos devient un plaidoyer pour un journalisme qui aurait conscience de la valeur des choses. Cette idée de valeur a-t-elle une importance pour vous ?*

Bien sûr, bien qu'il soit très difficile de définir la valeur d'une œuvre de littérature. La valeur de la littérature est d'ailleurs presque impossible à déterminer lorsqu'elle est en train de se faire. En effet, le critique des productions contemporaines travaille sans filets : rien ne le préserve de l'erreur. Il peut s'enthousiasmer pour des œuvres sans lendemain, ou en négliger d'autres qui mériteraient son attention. Il faut donc être prudent dans notre activité critique.

Mais vous avez raison, j'ai toujours eu horreur du processus de nivellement. Il est d'autant plus pervers qu'il n'est pas toujours visible et se fait au détriment de l'exigence. Depuis un certain temps, la critique littéraire dérive vers l'énonciation de jugements qui ne se font plus que sur le mode du « j'aime ou je n'aime pas », sans se préoccuper des autres critères d'évaluation. C'est cela précisément que je combats et que j'ai combattu lorsque je dirigeais *Le Monde des livres*. Le travail critique ne doit pas se réduire à l'énoncé de son goût personnel. Par exemple, puisqu'il vient d'obtenir le prix Nobel, bien que Le Clézio ne me touche pas, j'admets qu'il a des qualités : il écrit belle prose française et son œuvre à de l'intérêt. Ne correspondant pas à mon goût, je ne l'ai pas personnellement défendue. J'ai même pensé, ça et là, que certains de ses livres ressemblaient à de petites œuvres de fond de tiroir. Mais je me suis toujours efforcée de faire chroniquer ses grands livres par des journalistes compétents qui admiraient son travail. Mon goût personnel ne devait pas m'aveugler. C'était une règle que je m'imposais.

Vous avez évoqué d'autres critères que le goût personnel pour déterminer la valeur d'une œuvre littéraire. Pourriez-vous me dire à quels critères vous pensez plus particulièrement ? Quels sont les autres « modes » pour appréhender la valeur littéraire ?

Pour répondre à cette question, je voudrais d'abord faire une distinction essentielle : celle de la critique littéraire qui se fait dans les livres et les revues spécialisées de celle qui se fait dans les journaux de grande diffusion. Il ne faut pas se mentir, la critique que l'on fait dans les journaux n'est pas vraiment de la *critique*. C'est plutôt une incitation, une manière d'essayer de donner envie. La critique pour un journal de grande diffusion aide simplement à se repérer dans la masse impressionnante d'ouvrages produits chaque semaine. Mais, faute d'espace, elle ne peut explorer une œuvre en profondeur. C'est pourquoi elle se réduit souvent à ce « j'aime donc c'est bien ; je n'aime pas donc c'est mauvais ». Cette distinction est également légitimée par le fait que le journalisme et la critique universitaire ne s'inscrivent pas dans les mêmes temporalités. Écrire dans une revue, c'est choisir de ne pas être pressé. On peut étudier une œuvre vieille de plusieurs centaines d'années, prendre le temps de la comprendre, de la travailler, de s'en pénétrer. Dans le journalisme, la temporalité est celle de l'actualité. Il peut nous arriver de chroniquer une œuvre ancienne, nouvellement éditée, mais il est impossible d'y consacrer le même temps qu'un universitaire. Certains spécialistes travaillent leur vie entière sur un auteur. Lorsqu'on fait la recension d'un ouvrage, écrit par un romancier qui n'a pas encore eu le temps de faire une œuvre, nous manquons d'informations. De nombreux critères du jugement que peuvent utiliser les historiens de la littéraire (qui bénéficient d'un recul dont nous ne disposons pas) nous sont inaccessibles. C'est pourquoi le journalisme — le bon journalisme — doit se résoudre à ne donner que des indications sur la qualité d'un livre. Même si, faute d'espace, ces indications sont brèves. L'écueil à éviter est de réduire notre jugement de valeur à la formulation d'un goût. Car notre goût nous pousse parfois à l'erreur.

Ces restrictions faites, je vous dirai que, pour appréhender la valeur littéraire d'une œuvre, surtout pour appréhender la valeur d'une littérature en train de s'écrire, le bon journaliste dispose tout de même d'une chose essentielle : le « comment c'est écrit ». Malheureusement, peu de gens s'en préoccupent.

Est-ce à dire qu'ils privilégieraient d'autres critères ?

Oui. Trop souvent, ils valorisent ce qu'ils appellent l'originalité du thème : est-ce que c'est une belle histoire ? Le thème est-il neuf ? Comme s'il y avait vraiment des thèmes novateurs... À mes yeux, l'originalité n'est pas, en soi, un critère de valeur littéraire. C'est utile, intéressant ; ce peut-être un élément décisionnel. Mais l'originalité n'est pas l'essentiel. Car l'original peut se dire, se filmer... Rien n'exige qu'il ne s'écrive. Un thème original ne suffit pas à faire de la bonne littérature. Je dirais même qu'il y a beaucoup de grands livres dont le sujet n'est pas original... Le seul critère pertinent, pour nous autres journalistes, c'est le style, le « comment c'est écrit ».

Vous dites que ce qui vous différencie de beaucoup des journalistes contemporains, c'est votre désintérêt pour la biographie des auteurs. Dans Point de côté, *vous écrivez : « que les écrivains soient ou non des braves types ne m'intéressent pas. Seul ce que je lis m'importe, la phrase, la manière de voir, ou non, le monde, en un mot la singularité, le style, qui ne va pas nécessairement avec la bien-pensance. Même rarement. »*

Oui, c'est vrai. Ça ne m'intéresse pas trop de savoir si les écrivains sont « fréquentables » ou non. Je ne pense pas que j'aurais eu un plaisir fou à rencontrer Jean Genet, même si j'ai beaucoup d'admiration pour lui. Je pense que j'aurais eu encore moins de plaisir à rencontrer Céline, mais ça n'empêche pas de l'admirer. Dans mes chroniques, je n'ai jamais accordé une place prépondérante aux éléments biographiques. Il est certes nécessaire de donner quelques informations. Après tout, *Le Monde* est un grand journal d'information ! La pédagogie est aussi nécessaire : nos lecteurs ne savent pas toujours à quelle génération appartiennent Patrick Modiano, Philippe Sollers ou n'importe quel autre écrivain. Mais j'ai toujours eu en horreur les papiers qui se servent de détails sociaux ou biographiques pour présenter un livre. C'est souvent, pour le journaliste, une manière d'éviter de lire vraiment. J'en avais fait le reproche, une fois, à Marc Fumaroli, pour qui j'ai pourtant de l'admiration. Il avait commis une critique d'un livre de Sollers qui réfutait l'intégralité de l'œuvre sollersien en n'argumentant qu'à partir de renseignements biographiques, anecdotiques. Je lui avais alors dit qu'il pouvait détester Sollers, mais que je n'attendais pas à ça de la part d'un universitaire. J'attendais de l'académicien érudit qu'il est une véritable recension. S'il avait démontré, en argumentant à partir d'une lecture serrée des textes, que cette œuvre était faible, cela m'aurait paru plus juste.

Vous êtes souvent sévère avec vos collègues. Par exemple, dans Point de côté, *vous écrivez : « Cette idée, en vogue chez les critiques actuels, que leurs goûts personnels seraient le seul critère d'évaluation de la littérature est le propre d'une époque paresseuse, pour ne pas dire veule, qui n'a plus aucun jugement ».*

Oui. Mais c'est vrai, non ? Deux choses m'exaspèrent : la paresse et la mauvaise foi. Toutes deux empêchent de juger. J'ai évoqué le recours paresseux de la part des journalistes à la biographie des écrivains pour s'éviter la lecture d'une œuvre ; mais je pourrais aussi parler de la méchanceté gratuite et bête qui sévit parmi les critiques. Elle n'apporte rien. Pour s'en pré-

server, au *Monde des livres*, nous avions une règle : eu égard à la difficulté de se prononcer sur la littérature en train de se faire, il fallait toujours privilégier les critiques positives. Ainsi, c'était toujours celui qui aimait défendre un écrivain qui le défendait. Trop de gens traitent avec un certain mépris la production contemporaine. Il n'y a pourtant pas lieu de la mépriser ansi. Une part importante de ce mépris est due aux nombreuses critiques de démolition, qui, la plupart du temps, n'apportent rien. D'ailleurs, avec le peu de place dont on dispose dans un journal et compte tenu du nombre de livres que l'on pourrait défendre, pourquoi perdre de la place à attaquer un livre ? Mieux vaut simplement ne pas en parler.
Lorsque j'ai écrit la phrase que vous avez citée, je pensais tout particulièrement à Angelo Rinaldi, qui a été un grand critique. Toute la génération des quinquagénaires s'est précipitée pour lire, dans *l'Express*, l'« Angelo » de la semaine. Qui a-t-il descendu ? Était-ce délectable ? Moi-même, j'ai été très friande de ces critiques au vitriol. Mais, sur la distance, je me suis aperçue que des choses amusantes sur le moment ne signifiaient plus rien.

Vous écrivez d'ailleurs à ce propos : « Au moment de la mort d'Aragon, j'étais encore impressionnée par Angelo Rinaldi, alors critique à l'Express. *Je devais alors croire que les critiques négatives sont une preuve de courage. Je n'en ai pas moins été scandalisée par son article haineux sur Aragon, qu'on venait d'enterrer. Ensuite le lisant régulièrement, je le verrai démolir toute la littérature que j'aimais, de France et d'ailleurs. Le Nobel de Claude Simon, en 1985 ? Un coup "porté au prestige de la France" par "l'écrivain le plus ennuyeux et artificiel qui ait existé depuis la disparition de Casimir Delavigne"* ».

Oui, Rinaldi est un peu cuistre. Casimir Delavigne ! Qui lit Casimir Delavigne ?

Vous fustigez la critique de démolition. Mais, on vous a pourtant souvent reproché d'avoir vous-même la dent dure…

J'ai dû faire quelques fois des critiques négatives, mais très rarement. Je pense que ceux qui prétendent que j'avais la dent dure évoquent davantage ma raideur dans mon comportement social. J'ai toujours détesté ces gens qui s'embrassent dans les cocktails, bien qu'ils se détestent. Je n'ai jamais versé dans l'hypocrisie. J'ai été considérée comme assez froide, parce que je ne me précipitais pas dans les bras des personnes que je détestais. J'ai même pu refuser de leur serrer la main, ou pire, leur envoyer mon verre à la figure, quand ils m'avaient agressée. Ça m'est arrivé plusieurs fois, même si je le déplore.
Mais dans mes articles, en vingt-cinq ans de critique, il ne doit pas y avoir plus d'une dizaine de critiques de démolition. J'ai toujours valorisé l'enthousiasme… même si j'ai pu reprocher à certains journalistes leur excès d'admiration, qui portait atteinte à leur crédit : « Tu admires trop, répétais-je souvent. Il faut doser, il faut hiérarchiser : tu ne peux pas donner l'impression de découvrir un chef-d'œuvre par semaine ! » Dans notre société, la conviction est quelque chose de très suspect. Si vous affirmez vos convictions, on se permet souvent de les expliquer

par de la complaisance ou du clientélisme... Si vous aimez un tel, ce serait parce que vous êtes « copains », parce que vous boiriez des verres avec Sollers ou parce que Marc Lévy vous aurait envoyé des fleurs ou un chèque...

Vous racontez d'ailleurs dans votre livre certaines légendes qui couraient sur vous et Sollers.

Oui, Sollers et moi dans les toilettes du Pont Royal ! J'avais dit, quand j'avais lu ça dans le journal de Jean-Edern Hallier, que *vraiment* celui qui avait écrit cet article n'était pas très informé : je déteste faire l'amour dans des lieux inconfortables !

Pour revenir sur l'admiration, vous expliquez que c'est l'une des premières valeurs d'un critique littéraire. Quelqu'un qui veut juger une œuvre doit d'abord apprendre à l'admirer ou à essayer de l'admirer. Pourriez-vous nous en dire davantage sur vos admirations ?

J'admire les écrivains qui ont du style ; mais j'aime aussi ceux qui s'intéressent à la société dans laquelle ils vivent. Ceux qui font des romans à la mode du temps passé me semblent moins pertinents. C'est pour cette raison que la littérature de Houellebecq m'intéresse beaucoup (bien que je sois en désaccord absolu avec tout ce qu'il promeut). La littérature de Christine Angot m'intéresse également, parce qu'elle travaille sur la banalité du quotidien. Elle va au fond des névroses des femmes. Sa recherche de l'homme m'intrigue aussi. Un homme qui va être une sorte de prince charmant. J'aime également beaucoup Jean

Echenoz. *Cherokee* m'a impressionnée : c'est une sorte de parodie de roman noir que je trouve absolument délicieuse. Je n'ai malheureusement pas encore lu *Courir*. Enfin, des « trois mousquetaires », « le bon, la brute et le truand », je préfère de loin Sollers et Modiano à Le Clézio. J'aime beaucoup Modiano, sa délicatesse, son goût du poétique plus que du romanesque... Cette poésie de la ville que je trouve magnifique. Mais Sollers a ma préférence. Dans son prochain livre, *Les Voyageurs du Temps*, à paraître cet hiver, il témoigne encore de son immense talent. C'est une sorte de « temps retrouvé ». Sollers sait toucher tout en étant exigeant : il faut se concentrer pour le lire. *Les Voyageurs du temps* est un livre que l'on ne peut pas « oublire » comme il dirait. J'adore ce concept d'« oublire ».

Pouvez-vous expliquer aux lecteurs de l'Argilète *de quoi il s'agit ?*

Oui, Sollers a inventé ce concept pour désigner une manière de lire qu'ont beaucoup de gens aujourd'hui. Par exemple, j'ai une amie qui s'est achetée un ebook ; elle télécharge une tonne de livres et elle croit qu'elle les lit. Elle tourne les pages de son ebook mais n'en retient rien. Or, lire c'est déjà mémoriser. Lire, c'est s'inscrire dans un processus de recueillement... L'oublire, c'est précisément cette fausse manière de lire.

Et Le Clézio, qui vient d'obtenir le Prix Nobel ?

Au départ, je pense que Sollers, Le Clézio et Modiano étaient tous sur un pied d'égalité. Mais il me semble que Le Clézio s'est un peu affadi. C'est comme s'il se regardait un peu écrire, comme s'il était prenait la pose... Il se veut l'écrivain de l'éloignement. Cela reste quand même un écrivain élégant. Quand vous parlez de la valeur, il y a toujours le « comment c'est écrit ». Et Le Clézio s'y entend... Mais il me semble moins brillant. Cela me rappelle une anecdote : lorsque j'étais directrice du *Monde des livres*, je m'étais amusée à un petit jeu. J'avais proposé aux lecteurs de lire et de juger les premières phrases de quelques romans. Il y avait la première phrase *D'un château l'autre* de Céline, celle d'*Aurélien* d'Aragon, celle de *La Fête à Venise* de Sollers, et celle du *Procès verbal* de Le Clézio. Une de mes amies universitaires, qui n'avait reconnu ni *La Fête à Venise* ni *Procès verbal*, m'avait parlé de ces deux citations : celle de *La Fête à Venise* lui semblait être d'un autre niveau. Cela m'avait intéressée car c'était « à l'aveugle ». Son jugement ne portait que sur la mélodie, la structure de la phrase, sur le caractère purement stylistique, sur le rythme, les sonorités. Le Clézio ne supportait pas la comparaison avec Sollers...

Pour conclure, je voulais savoir si vous aviez des recommandations à faire aux critiques débutants. Ou aux critiques aguerris...

Aux critiques aguerris, je ne me permettrais pas, mais aux critiques débutants... Tous les gens que j'ai formés, je les ai formés comme m'avait formée François Bott. L'essentiel, pour être un bon journaliste, est de savoir faire une critique d'accueil plutôt qu'une critique de démolition. Savoir admirer. Ce n'est pas si facile... Il faut apprendre à doser son enthousiasme. La clé, me semble-t-il, consiste à savoir adopter une attitude bienveillante et accueillante, sans perdre son sens de la hiérarchie. C'est pourquoi l'admiration est un savoir et presque un savoir-faire.

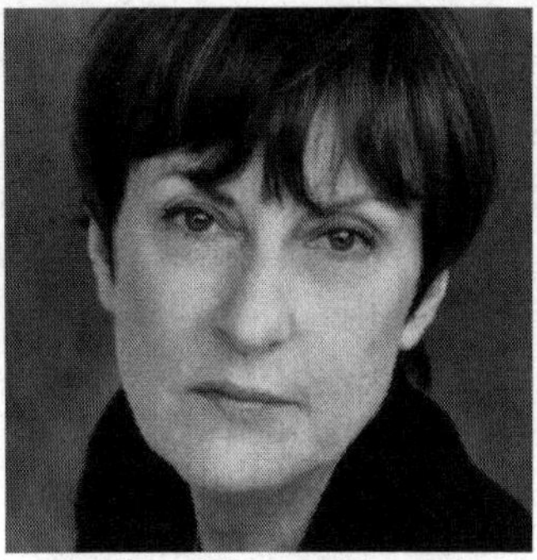

photo : © Francesca Mantovani

JOSYANE SAVIGNEAU

1951 : naissance.

1977 : entre au *Monde.*

1990 : publie *Marguerite Yourcenar, l'invention d'une vie.*

de 1991 à 2005 : dirige *Le Monde des Livres.*

1995 : publie *Carson McCullers, un cœur de jeune fille.*

2008 : publie *Point de côté.*

PHILIPPE SOLLERS
LA GRANDEUR, L'HUMILITÉ CRÉATRICE ET LA RECONNAISSANCE DU TEMPS

Avant de commencer notre entretien sur la notion de valeur en littérature, je voudrais revenir sur la réticence que vous m'avez avouée, à propos de ce terme, auquel vous préférez celui de grandeur.

Oui, j'hésite sur le mot *valeur*. C'est un terme financier. On parle de « valeurs actuelles », de « valeurs monétaires », etc. Le mot *valeur* est réducteur. La valeur d'échange a tout détruit. Elle a pris le pas sur la valeur d'usage (si vous permettez d'être, encore pour un instant, un peu marxiste). Le *grand* est gratuit. La grandeur est une telle richesse qu'elle ne peut plus être évaluée. Le grand ne s'évalue pas. Il se reconnaît. Au premier coup d'œil ! Voilà pourquoi je préfère le mot de *grandeur*. Il n'est pas contaminé par des référents financiers.

Reprenons donc ce terme. Toute votre œuvre est empreinte d'une fascination pour la grandeur. Dans Un vrai roman, *vous écrivez, par exemple : « Un seul désir […] : que les meilleurs respectent la grandeur, qu'elles les inspire, les taraude, les pousse, et qu'ils tentent même de l'outrepasser. Échouer n'est pas grave : le véritable échec consiste à ne rien tenter. » Pourriez-vous préciser ce que vous étendez par ce concept de grandeur, du moins en littérature ?*

Il n'est pas seulement question de *littérature*. Le terme

de littérature nous abuse : c'est une façon scolaire ou faible de désigner tout et n'importe quoi. La grandeur littéraire ne se cantonne pas à la littérature : elle l'excède et fait appel à tous les développements, récents ou anciens, de l'aventure de la pensée ; et ce, dans tous les domaines. Je crois qu'une œuvre de langage ne peut pas faire l'économie des connaissances scientifiques de son temps, et que pour être un grand écrivain, il faut connaître les sciences et les arts du passé et de son époque. La connaissance, le savoir et le goût du savoir sont un premier pas vers la grandeur. La compréhension de la grandeur exige une hauteur de vue historique, scientifique, philosophique et métaphysique. La littérature excède donc la littérature au sens où la grande littrature appelle toute la pensée, passée, présente et future, dans toutes ses dimensions. Mais, pour simplifier les choses, je ne prendrai ici comme exemple que les domaines littéraire et artistique ; sinon, nous y passerions trop de temps...
Le terme de *grandeur* pouvait déjà paraître prétentieux – ou abusif – à une époque où la grandeur était reconnue, c'est-à-dire respectée, transmise et étudiée. Or, ce n'est plus le cas de notre société. Reprendre cette problématique de la grandeur dans une époque qui la nie, par une censure et un oubli permanents, paraît donc très inactuel. Le mouvement de rejet de la grandeur est venu du *politically correct* américain où ce terme de grandeur était dénigré et où Sophocle était à mettre sur le même plan que les confessions d'une femme de ménage noire ou portoricaine. C'est là le symptôme de notre époque. Une époque où le nihilisme gagne du terrain.

Est-ce à dire que la grandeur appartient aux temps passés, et qu'elle n'est plus possible aujourd'hui ? Faut-il penser que la grandeur a disparu de notre univers ? Ou pouvons-nous tout de même trouver et définir une forme de grandeur dans ce contexte ?

La grandeur n'a pas totalement disparu, même si elle semble passée de mode. Nous ne savons peut-être plus la contempler. Par exemple, comme vous avez évoqué le *noble* au sens nietzschéen, je vais me permettre une légère digression. La noblesse de Nietzsche n'est plus une noblesse de privilège, mais une noblesse d'esprit. Désormais, la noblesse qui se prétend telle, avec ses particules à rallonge, n'est plus qu'un élément du spectacle dans la société du spectacle qui est la nôtre. Dans *Une vie divine*, puis dans mon nouveau roman, à paraître en janvier intitulé *Les Voyageurs du Temps*, j'évoque le problème du grand et du noble. Dans *Une vie divine*, notamment, je réénonce la prophétie de Nietzsche, qui disait que, désormais, c'est plèbe en bas, et plèbe en haut. Ainsi, je dressais le constat selon lequel il n'y a plus de hiérarchisation sociale. Le dogme de notre société est l'égalité et le refus des hiérarchies. Tout ce qui est social bouleverse les choses et les mettent sans dessus dessous. Or, le social est la nouvelle religion qui a remplacé Dieu, et son dogme est le principal obstacle à la contemplation de la *grandeur*, que personne ne semble vouloir accepter, ni reconnaître ni contempler. Le jugement social est donc à repenser, et j'appelle chacune et chacun à un athéisme radical dans tout ce qui peut se présenter comme religion sociale. « À voir ce dont l'esprit se contente, on mesure l'étendue de sa perte », disait Hegel. Il faudrait se répéter cette phrase à loisir, et la graver sur nos écrans de télévision comme une devise, comme on inscrivait des vanités partout dans les palais du XVIIe siècle.

Comment alors définiriez-vous la grandeur ?

Qu'est-ce qui est grand ? Pour répondre à cette question, je me permettrai de citer Heidegger, dans ses *Hymnes à Hölderlin* (livre qu'il faudrait étudier sans arrêt, avec un intérêt sans cesse renouvelé) : « Le grand a sa durée historique parce qu'il est unique dans le temps. Le grand a de la grandeur parce que et dans la mesure où il a toujours au-dessus de lui un plus grand. Pouvoir avoir en dehors de soi un plus grand est le secret du grand. Le petit en est incapable, bien qu'il présente en fait, de la façon la plus directe et la plus commode, l'écart maximum avec le grand. » Vous voyez que la grandeur amène de façon inéluctable à parler de la petitesse. Je continue la citation : « Mais le petit ne veut que lui-même, c'est-à-dire précisément être petit, et son secret n'est pas un secret, mais un truc, la rouerie hargneuse qui s'entend à rapetisser et à frapper de suspicion tout ce qui ne lui ressemble pas afin de le rendre semblable à elle. » Tout est là.

Revenons donc à notre question et commentons un instant cette pensée de Heidegger : « Le grand a sa durée historique parce qu'il est unique dans le temps. » Il faut s'attarder sur cette notion d'unicité. Qu'est-ce qui est unique ? Qu'est-ce qui est unique dans le temps et qui, par-là même, est grand ? Pour comprendre l'unique, on peut se référer au concept d'*historial*, théorisé par Heidegger dans *L'Origine de l'œuvre d'art*. Heidegger oppose en effet *historial* et *historique* : l'*historique* est dans l'histoire, tandis que l'*historial* est ce qui fonde l'ouvrerture à l'événement par quoi il peut y avoir histoire. L'important est ainsi de comprendre que la grandeur est immédiatement fonction du temps.

Pourriez-vous développer cette idée ?

Oui ; mais permettez-moi d'abord une anecdote. Lorsqu'Arthur Cravan, le neveu d'Oscar Wilde, a rendu visite à André Gide pour lui parler de sa revue *Maintenant*, il a perçu André Gide comme un petit bourgeois frileux, sans grandeur. Pour brosser le portrait, au vitriol, de Gide, il raconte qu'il lui a posé cette question : « Monsieur Gide, où en sommes-nous avec le temps ? » Et Gide aurait répondu : « Il est six heures moins le quart. » Il y a un malentendu constant à propos du temps. Peu de notions sont aussi floues. Surtout si l'on ajoute que *time is money*... Le temps n'est donc pas à prendre à la légère – surtout en matière de grandeur.

Maintenant, pour faire comprendre ce que je disais lorsque je disais que la grandeur était fonction du temps, je me permettrai de citer Montesquieu, qui écrivait, dans son *Journal d'Italie* : « Ah ! Je me suis rendu compte que j'étais très attaché à ma religion après ma visite de Rome. Je suis comme ces Lacédémoniens qui n'ont pas voulu détruire Athènes parce qu'elle avait produit Sophocle, Euripide et tant de beaux esprits. » La grandeur honore le temps. Elle ne le rabaisse pas.

Que voulez-vous dire ?

Rien d'autre que ce que disait Heidegger : la grandeur est cet unique qui est secret et qui n'a lieu que s'il considère qu'il y a au-dessus de lui un plus grand. C'est là un point décisif : les grands ont toujours un rapport au plus grand. Et c'est en cela que la grandeur honore le temps. Pensez-vous, par exemple, que Proust ne considérait pas Saint Simon comme lui étant supérieur? Pensez-vous que Joyce ait pu échapper un seul instant, lorsqu'il écrivait, à l'ombre de Shakespeare ? Pour ma part, je n'ai jamais su me passer de la Bible et d'Homère. Dans *Guerre secrète*, j'ai montré la présentification constante du grand que je considère comme grand. Dans *Fleurs* aussi, j'ai montré mes hantises, mes fréquentations des écrivains que je juge grands. Mais par-dessus tout, s'il y a un grand avec qui je dialogue, c'est Dante. Je ne pourrai pas écrire ce que j'écris sans penser à Dante. *Paradis* est, dans une large mesure, un hommage à Dante. Un jeune homme d'une trentaine d'années a commencé un travail pour une édition critique de *Paradis*, dans laquelle il a établi un grand nombre de notes. Parmi ces quelques deux mille cinq cents notes, une grande partie font état des références à Dante et à la Bible. Je cherche à la loupe, depuis de nombreuses années, un écrivain français qui serait aussi familier que moi de la Bible.

La reconnaissance du temps serait donc la capacité pour un écrivain de dialoguer avec les grands écrivains du passé ? Est-ce à dire que la grandeur se définit essentiellement comme ouverture aux autres grandes œuvres ?

Quand Heidegger traite du petit, il vous dit qu'il ne veut que lui-même, ce qui correspond exactement à l'achèvement nihiliste de la métaphysique, c'est-à-dire le règne de la subjectivité absolue, où chacun croit qu'il se réduit à lui-même. Ce qu'on appelle la littérature au sens du grand désigne des œuvres qui s'y refusent. La grandeur littéraire, c'est cet acte qui conduit à des découvertes de pensée. Pensez à Georges Bataille et à sa fidélité extrême à l'égard de Nietzsche. *Memorandum* est un texte où Bataille fait le recensement, comme un catéchisme, de toutes les formules frappantes de Nietzsche. Pensez aussi à ce cas extrême qu'est Céline. L'abominable Céline ! Je recommande à toutes les lectrices et à tous les lecteurs de *l'Argilète* de se précipiter sur les cahiers de prison de Céline. Céline est alors enfermé au Danemark, où il attend d'être exécuté pour haute trahison. Qu'est-ce qui surgit brusquement dans ces notes sténographiques d'une souffrance aigüe ? Sur ces petits cahiers d'écoliers danois, que Céline a pu acheter au réfectoire, Céline écrit, entre autres, des citations du cardinal de Retz, de Ronsard, de La Bruyère, de Chateaubriand… *Les Mémoires d'Outre-tombe* ! L'Outre-tombe : c'est là qu'il faut se situer si l'on veut côtoyer la grandeur. Et Céline explique que celui qu'il appelle René a rêvé la France. « Je l'ai rêvée moi aussi, pauvre barbet misérable », écrit-il. C'est là une discussion de grand à grand, à travers la mort.

En art, il y a un exemple, en ce moment même, à Paris (qui redevient, n'en déplaise aux Américains, la capitale effervescente de la « culture ») : c'est l'exposition « Picasso et ses maîtres ». Picasso dialogue constamment avec les Anciens. C'est ce que j'appelle *l'humilité créatrice*. La grandeur inspire, taraude, pousse Picasso. Dans mon livre *Picasso le héros*, j'ai insisté sur cette grandeur de Picasso. Reconnaître la grandeur, c'est déjà un acte de grandeur.

Mais le spectacle de la grandeur ne risque-t-il pas d'inhiber le jeune artiste ou le jeune écrivain ?

Si l'enjeu est bien d'être appelé par le grand, il est vrai que cet appel peut vous faire éprouver maints sentiments divers : effroi, terreur, inhibition, résignation, écrasement. Si ce sont là les sentiments éprouvés, alors survient le ressentiment, le désir de vengeance que décrit Nietzsche. Le ressentiment, c'est le désir de se venger du temps et de son « il était ». L'inhibition, ce n'est pas dialoguer avec la grandeur ; c'est la subir. En revanche, le grand se reconnaît par sa capacité à établir un rapport avec la grandeur, par-delà le temps. En ce sens, on peut dire que la grandeur est un *oui*, un acquiescement, un remerciement par rapport au temps. L'appel de la grandeur vous stimule. Cette stimulation relative à la contemplation du grand, c'est ce que j'appelle le sentiment d'*humilité créatrice*. Ainsi, la contemplation du grand ne vous fait pas perdre la tête. Heidegger le dit clairement : il faut considérer un plus grand comme étant au-dessus de soi. Mais, sans vous inciter à vous prendre pour l'égal des plus grands, la contemplation de la grandeur vous porte et vous soutient dans votre élan créateur.

La grandeur refuse donc l'idée d'originalité, au sens où l'originalité serait une rupture avec les grands du passé ?

L'originalité est une idée moderne. Oui, le grand est unique : il surgit là où personne ne l'attend. Mais il dialogue avec les autres. Il est ouvert sur les autres. Il n'est pas indépendant. C'est très mystérieux, vous savez, ce dialogue du grand avec lui-même. L'originalité suppose une indifférence avec le reste. L'originalité est arrogante. La grandeur, elle, impose une humilité créatrice. Les grands artistes, certes, sont ambitieux. Mais par *humilité*. Le petit est arrogant. Barthes parlait de « l'arrogance des paumés ». Pour qu'il y ait grandeur, il faut qu'il y ait humilité. Mais il faut qu'il y ait humilité créatrice. Sinon, l'humilité ne fait pas œuvre : elle n'est que recueillement, que religion. L'originalité, par son arrogance, est donc du côté de la petitesse. Elle est peut-être l'arme de propagande de la petitesse, qui veut faire rupture avec l'histoire, avec la tradition, avec le temps.

En revanche, la grandeur ne peut être oublieuse de l'histoire et du temps.

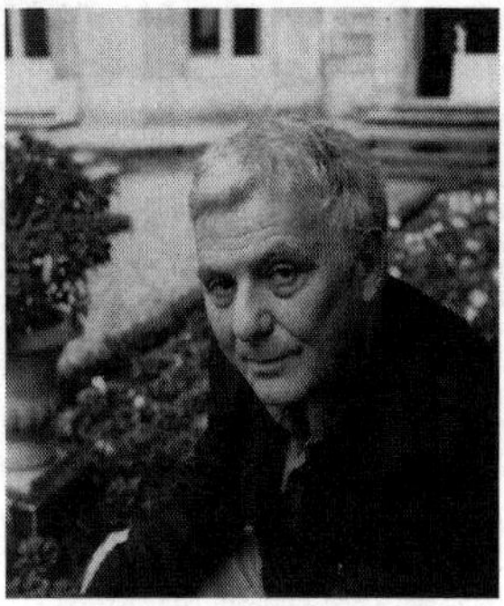

PHILIPPE SOLLERS

1936 : naissance.

1958 : publie son premier roman, *Une curieuse solitude*.

1960 : fonde la revue *Tel Quel*, publiée par Le Seuil.

1961 : publie *Le Parc* (Prix Médicis).

1965 : publie *Drame*.

1981 : publie *Paradis*.

1983 : publie *Femmes*.

1983 : fonde la revue *L'Infini*, publiée par Gallimard.

2006 : publie *Une vie divine* et *Fleurs*.

2009 : publiera *Les Voyageurs du Temps*.

AMOS OZ
L'INVENTION D'UNE LANGUE

Quels sont selon vous les principaux critères de valeur littéraire ?

À mes yeux, le plus important est le style. J'ajouterai également le sens de la proportion, de la mesure, dans l'expression. Ce qui n'est au fond que la capacité à choisir les mots les plus justes. Vous savez peut-être que je vis dans une petite ville d'Israël, Arad, située au nord du désert de Néguev. Ce désert commence à quelques minutes de ma maison. Je me lève chaque matin, vers cinq heures, pour m'y promener durant une demi-heure. Je pense alors aux politiciens qui emploient de manière inconsidérée les mots « jamais » ou « pour toujours » ; je regarde les pierres qui m'entourent et j'ai l'impression de les entendre rire. Quand je rentre chez moi et que je m'assieds à mon bureau pour écrire, ce sentiment m'habite encore. Je crois que cela passe dans mon écriture.

Voilà donc pour la justesse de l'expression. Pourriez-vous maintenant me parler du style ?

Volontiers. Mais avant tout, je dois dire que, pour moi, le style n'existe pas en soi. Mon travail d'écrivain est très concret. Ce qu'on appelle mon style n'est que le résultat de choix successifs. Pour chacune des phrases qui composent mes œuvres, j'ai dû choisir ce mot plutôt que celui-ci, j'ai dû décider de mettre un point ici, une virgule là.

Comment faites-vous ces choix ?

Je vous ai déjà parlé de ma recherche de la mesure, du mot juste. Mais le plus important est pour moi la musicalité des phrases. La littérature – du moins comme je l'envisage – est l'art le plus proche de la musique. C'est un sentiment que j'ai toujours eu. Enfant, déjà, chaque mot me paraissait avoir sa sensualité propre, chaque phrase me paraissait musicale, que la musique fût bonne ou mauvaise ! Il faut préciser, et c'est très important à mes yeux, que la question du style est inséparable de celle de la langue. C'est ce qui rend l'exercice de la traduction si difficile et insatisfaisant. Je m'y suis moi-même essayé, je parle d'expérience : traduire, c'est comme faire l'amour à travers un drap ! Tout ce que je vous dis s'applique donc à la langue hébraïque. La langue dans laquelle j'écris. Mes propos ne peuvent être appliqués au français, par exemple, sans perdre de leur pertinence. On ne peut pas parler du style de manière générale. Encore une fois : le style en soi n'existe pas ! Ce d'autant que l'hébreu moderne est une langue très particulière. L'hébreu est une langue encore plus ancienne que le grec, mais elle a été ressuscitée il y a un siècle, quand les juifs ashkénazes et les juifs séfarades se sont rencontrés à Jérusalem. Pour se comprendre les uns les autres, ils ont dû utiliser la seule langue qu'ils avaient en commun : la langue de l'Ancien Testament. Celle-ci n'était qu'imparfaitement adaptée au monde moderne. Il a donc fallu l'adapter. C'est pourquoi, depuis un siècle, cette langue ne cesse d'être réinventée.

En temps qu'écrivain, vous vous trouvez donc face à

l'hébreu un peu dans la même situation que Dante face à l'italien...

Absolument. Et c'est ce qui fait aujourd'hui de l'hébreu une langue à part. S'il est nécessaire que je prenne des libertés avec ma langue, je peux aussi la codifier. C'est un double mouvement. Pour un écrivain, écrire en hébreu, c'est avoir la chance unique de pouvoir à la fois réinventer sa langue et de pouvoir la fixer ! J'ai inventé quelques mots modernes en hébreu. Dans mes livres. Un jour, l'un de ces mots m'est revenu par un chauffeur de taxi : c'est le point le plus proche de l'éternité que puisse atteindre un homme !

Pourriez-vous me parler un peu plus de l'hébreu ? Quelles en sont les autres spécificités ?

Vous faites une erreur en me demandant de parler de l'hébreu, car je peux le faire durant des heures sans m'arrêter ! L'hébreu est ma dévotion. Je me sens avec lui comme un violoniste avec son instrument. L'hébreu est un instrument de musique exceptionnel, flexible et plein de mots anciens. Il offre de nombreuses possibilités comiques ou de contrastes. Imaginez que certains mots ou certaines formules qui nous viennent de l'Ancien Testament sont utilisés tels quels dans la vie de tous les jours ! J'aime aussi l'hébreu pour sa concision : grâce à lui, on peut exprimer des idées complexes en cinq mots. Il suffit pour s'en convaincre de comparer n'importe quel texte hébreu avec sa traduction : il est de vingt à trente pour cent plus court. L'hébreu est une langue dont les possibilités sont réellement sans fin, c'est pourquoi je vais m'en tenir là !

À vous entendre insister sans cesse sur la musicalité de la langue, on peut se demander quel rapport vous entretenez avec la poésie.

J'écris de la poésie, mais je ne la publie pas. Ce que je disais tout à l'heure de la traduction est encore plus vrai dès lors qu'il s'agit de poésie : non seulement il est difficile de conserver à un poème sa musicalité propre, mais en plus il y a toujours quelque chose de son sens qui disparaît dans le passage d'une langue à l'autre. La poésie est intraduisible parce qu'elle est comme ces blagues familières qui nous font rire sans que l'on sache pourquoi.

Attachez-vous une importance particulière à la construction de vos romans ?

Il vaut évidemment mieux qu'un roman soit bien construit. Mais là encore il n'existe pas de norme, pas de modèle qu'il faudrait suivre. Parmi tous mes romans, celui qui me tient le plus à cœur, *Seule la mer*, est d'une forme très libre : il est écrit en partie en vers, en partie en prose. La liberté est le mot qui s'applique le mieux à tous les aspects de mon travail.

Vous êtes engagé politiquement dans le conflit qui oppose votre pays, Israël, à la Palestine. Vous défendez notamment l'idée d'une paix immédiate et d'un partage équitable du territoire. Pensez-vous que tout grand texte littéraire doive nécessairement être engagé ?

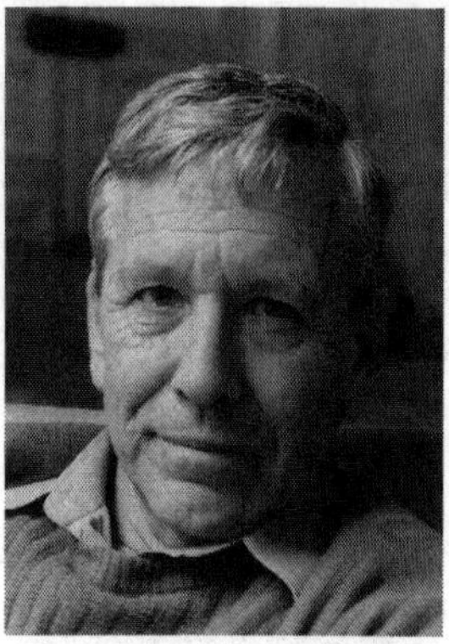

Je n'aime pas les œuvres militantes. Tolstoï ne dit pas ce qu'il faut voter... Voir les choses avec manichéisme est très hollywoodien ! Mes romans portent sur les différentes nuances de gris. Je cherche à comprendre ces nuances à travers les choix de chacun, qu'ils soient amoureux, moraux ou politiques. Mes œuvres existent dans les sphères de l'ambiguïté : mes personnages ne doivent pas choisir, entre le bien et le mal, mais entre le mauvais et le pire. Comme souvent dans la vie.

Pour terminer, j'aimerais savoir quel rôle assignez-vous au lecteur dans l'évaluation d'une œuvre ?

Il est très important. Une lecture superficielle ne donnera qu'une idée superficielle du livre. On peut manquer un livre, même s'il est bon. Un livre est comme une partition musicale. Le lecteur doit travailler dessus. Si j'écris le mot « crépuscule », le lecteur doit mettre en jeu tout ce que le mot signifie pour lui. S'il ne le fait pas, rien n'advient. C'est comme pour faire l'amour : il faut être deux ! Il y a longtemps, une femme s'est déshabillée devant moi, s'est couchée sur le lit et m'a dit : « surprends-moi ! » Je suis sorti de la pièce et je suis revenu avec un seau d'eau que j'ai renversé sur elle ! Le lecteur ne devrait jamais s'allonger sur un lit en disant « surprends-moi ! ».

Amos Oz

1939 : naissance à Jérusalem.

1965 : publie son premier livre, *les terres du Chacal*.

1998 : reçoit le Prix Israël de littérature.

2002 : publie *Seule la mer*.

2003 : publie *Une histoire d'amour et de ténèbres* (roman autobiographique).

2005 : reçoit le Goethe-Preis de la ville de Francfort.

2008 : publie *Vie et mort en quatre rimes*. Reçoit le Prix Ulysse pour l'ensemble de son œuvre.

Gros plan
sur un artiste contemporain

Jongmyung Hwang

par Guillaume de Sardes

Jeune peintre coréen, Jongmyung Hwang vit en France. Titulaire d'une licence d'arts plastiques de l'université de Kyunggi et d'un D.N.S.E.P., obtenu à l'école nationale supérieure d'art de Dijon, il a exposé dans des lieux prestigieux : la biennale de Valencia en Espagne (2005), le musée national d'art contemporain à Séoul (2006), la cité internationale des arts à Paris (2007).

« L'idée de nouveauté est devenue inséparable de toute introduction d'une œuvre sur le marché. C'est dire qu'elle joue exactement le rôle des conceptions académiques d'il y a un siècle », écrivait, en 1959, Jean-François Revel. Cinquante ans plus tard, les choses n'ont pas changé : plus un artiste se veut révolutionnaire, moins il l'est.

En revenant à la peinture, Jongmyung Hwang a choisi d'accepter l'héritage des grands maîtres du passé. Certains de ses tableaux, tout en évoquant les photographies de Thomas Ruff (ce sont également des portraits de modèles anonymes sur fond neutre), font explicitement référence aux doubles portraits d'Albrecht Dürer ou de Hans Holbein. *Bubble wedding* (2007) est ainsi composé d'une paire de portraits de même dimension représentant l'un un homme, l'autre une femme. Si l'on retrouve chez Jongmyung Hwang la virtuosité technique des peintres allemands du XVIe siècle, ses intentions sont différentes. Lui ne cherche pas le réalisme. Les visages qu'il peint (d'après une photographie) subissent de légères homothéties, les sourcils disparaissent, les roses de la peau sont accentués (*Pinkman-Flesh*). Jongmyung Hwang abîme les visages pour montrer que, sous ces visages, il n'y a plus rien. Ses modèles sont ces « hommes invisibles » dont parle Ralph Ellison, ces « machines privées d'esprit » que décrit Elfriede Jelinek. Ils ont l'œil humide des bovins, ils sont ternes et anonymes. Ils sont les produits de notre société industrielle génératrice de tristesse et d'uniformité (*Invisible-Men*). Le rose de leur peau n'est qu'un substitut de joie et de santé, comme les antidépresseurs sont un substitut de bonheur. Jongmyung Hwang fait de cette couleur (la plus artificielle, la plus chimique qui soit) le symbole de la modernité. Son rose c'est la couleur du chewing-gum Hollywood, la couleur du kitch, celle de la *Pink cow* d'Andy Warhol ou de sa *Marilyn*.

L'absurdité de notre société, que Jongmyung Hwang cherche à faire sentir à travers ses tableaux, est également mise en avant dans ses installations. En réalisant des fragments de corps de nageurs émergeant du sol (*Swimmer*), il amène le spectateur à s'interroger sur la nature du lieu et de l'espace. En bouleversant son rapport au monde, il le force à remettre en cause ses certitudes.

Comme ses peintures, ses remarquables portraits au stylo-bille rouge prolongent en la renouvelant une technique plus ancienne : la gravure. Le rendu de ces dessins est, en effet, plus proche des portraits gravés de Dürer que des dessins de Flaxman. On retrouve dans *Red-face* (reproduit en couverture de ce numéro)

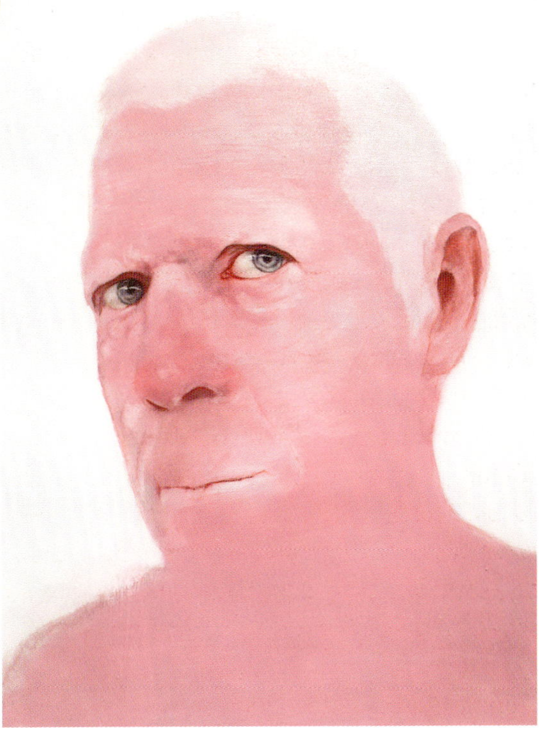

Pinkman-Flesh, 2006, huile sur toile,
120 x 95 cm (collection particulière).

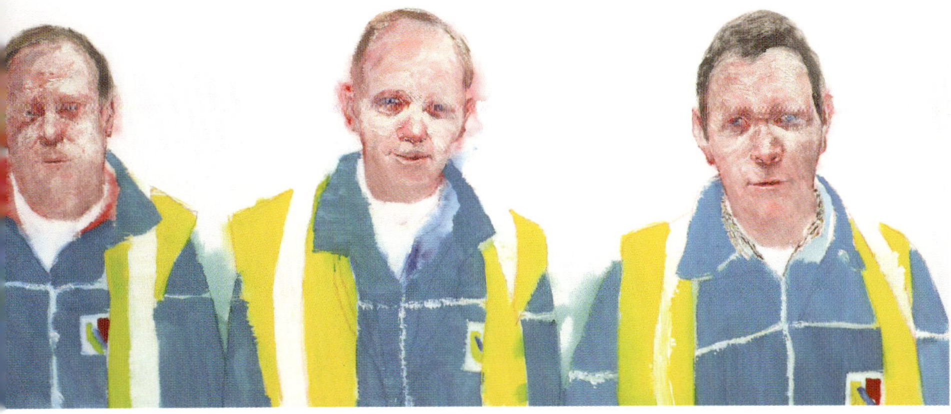

Invisible-Men, 2004, acrylique et huile sur toile,
100 x 200 cm (collection particulière).

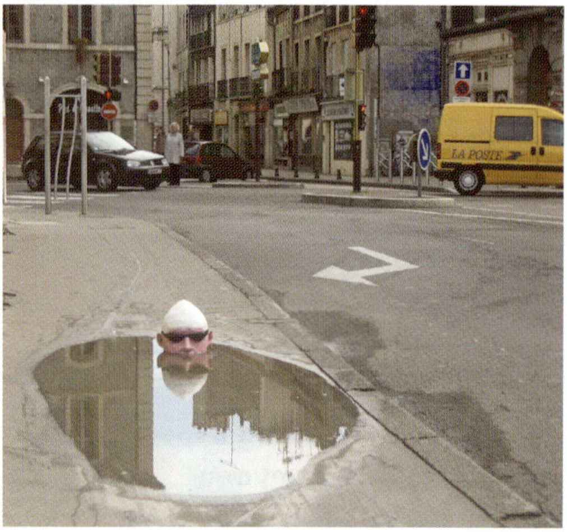

Swimmers (détail), 2005, acrylique su plâtre. Trois têtes 45 x 23 cm, 33 x 2 cm, 40 x 26 cm ; un bras 75 x 23 c (collection de l'artiste).

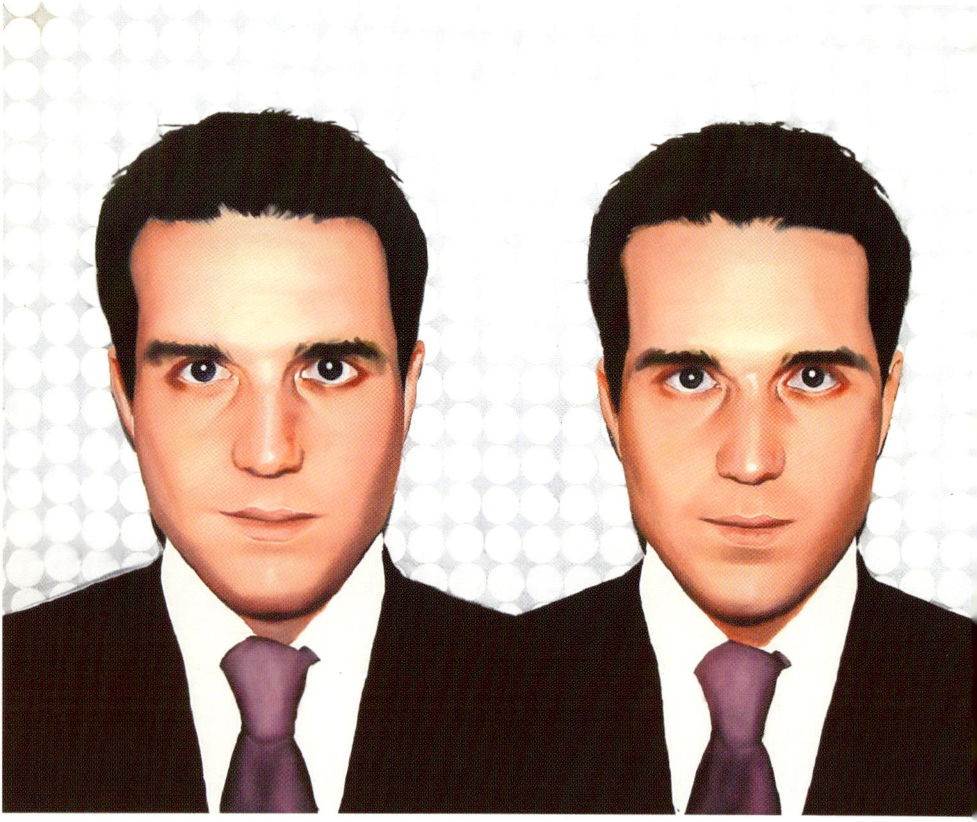

Clones, 2008, huile sur toile,
116 x 89 cm (collection de l'artiste)

la même intensité que dans le célèbe portrait de Melanchthon de 1526. On est loin de la grâce désincarnée de Flaxman ; on est à l'opposé de sa ligne claire. Jongmyung Hwang travaille la chair même. Ses dessins au stylo-bille ont une si grande force qu'ils soumettent le spectateur à leur réalité. La « présence » de ses portraits tient en partie à leur bichromie : comme le peintre Jan Pei-Ming, dont il fut l'élève (tous deux habitent d'ailleurs encore à Dijon), Jongmyung Hwang recherche les contrastes.

Depuis 2007, on constate une évolution de son style. Sa première période, que l'on pourrait appeler « période des chairs tuméfiées », est close. Ses tableaux se caractérisent désormais par un hyperréalisme du dessin, si ce n'est toujours des couleurs. Les regards sont moins intenses, les visages moins expressifs. Ses portraits ne suscitent plus l'émotion, du moins directement. S'ils touchent encore c'est, paradoxalement, à cause de leur froideur. Leur absence d'âme inquiète. Ce que peint Jongmyung Hwang ce sont les habitants du monde inhumain, totalitaire et technique, des contre-utopies d'Eugène Zamiatine, Aldous Huxley ou George Orwell. Notre monde ? Peut-être. Ce pessimisme se retrouve en tout cas dans la littérature la plus contemporaine. Les tableaux de Jongmyung Hwang, où l'on voit le même portrait dupliqué (*Clones*), doivent être ainsi rapprochés des clones de Michel Houellebecq. Si le style a changé, la signification demeure la même.

L'œuvre de Jongmyung Hwang est bien politique. Elle a ce caractère engagé sans lequel une « œuvre ne vaut rien, ne dit rien, est irresponsable », pour reprendre les mots de Jean Clair. Elle s'inscrit dans la longue tradition de l'art figuratif qu'au XXe siècle seuls quelques peintres se sont acharnés à perpétuer : Francis Bacon, Balthus, Lucien Freud ou Jean Rustin. Elle est éloquente. Dostoïevski écrivit un jour : « la beauté sauvera le monde. » Les visages défaits de Jongmyung Hwang nous mettent en garde : la beauté disparaît de la société, notre monde est en train de sombrer.

Lectures

Cavalcade érotique au cœur de l'Europe

Une lecture de *Prolongations* d'Alain Fleischer

par Marc-André Allard

Le narrateur de *Prolongations*, Tibor Schwarz, un jeune traducteur franco-hongrois, s'installe pour une durée indéterminée à Kaliningrad. Il vient occuper un poste d'interprète au Congrès sur l'Europe qui se tient dans cette ville cosmopolite située aux frontières de l'Europe et de la Russie. Bientôt revenu de ses illusions quant à l'utilité des travaux du Congrès et à l'importance réelle de sa propre contribution à l'Europe, il se trouve embarqué dans un jeu complexe d'intrigues historiques et géographiques. Il acquiert rapidement, à son corps défendant, un rôle central dans ces luttes de pouvoir, d'argent et d'influence. Mais comme Fabrice del Dongo à la bataille de Waterloo, il est le jouet plutôt que l'acteur de ces intrigues dont il ne parvient pas à saisir toute l'étendue et toute la signification...

L'impossible Europe

Alain Fleischer brosse ici le portrait sans concession d'une Europe dans l'impasse, condamnée à chercher un second souffle hors d'elle-même. Kaliningrad, ce n'est pas notre Europe politique familière, ce n'est pas Bruxelles, c'est une enclave russe à l'Ouest. On ne travaille guère à Kaliningrad : les trafics mafieux et les orgies sophistiquées y occupent le plus clair du temps. De l'élite locale aux expatriés, en passant par les habitants embrigadés bon gré mal gré comme acteurs ou figurants, personne ou presque n'y échappe.

Tout ceci compose un univers sombre, parfois franchement cauchemardesque, qui semble au premier abord totalement dénué de sens. On pense d'autant plus volontiers à Kafka qu'il s'agit d'un auteur dont le travail est révéré par Alain Fleischer.

Du sens et du souffle

À y regarder de plus près, le sens est cependant bien présent, parfois jusqu'à la saturation. Il est d'ailleurs indissociable d'une certaine pesanteur formelle dans l'écriture. « Le goût pour les phrases longues me vient du désir d'épuiser un propos », de consumer jusqu'au bout la matière qui fait le sujet, de ne rien laisser que des cendres, déclare ainsi Alain Fleischer dans un entretien accordé à l'occasion de la sortie du livre[1].

Saturation du sens qui fait feu de tout bois. La phrase classique étirée jusqu'à en perdre haleine. La relation quasi swedenborgienne qui lie la matière et l'esprit : Tibor prolongeant son existence par et pour le corps des jeunes femmes qui s'offrent à lui, tout comme l'Europe se prolonge hors de ses propres frontières. Le Palais des Congrès présenté comme un monstrueux organe partitionné entre haut et bas, lourd symbole métaphorique du désordre moral.

1. Entretien vidéo diffusé sur le site www.mediapart.fr en août 2008

« Ne pas lâcher prise, ne pas lâcher le sens » : à l'image de l'interminable congrès qui lui sert de toile de fond, le livre reprend et épuise une bonne partie de l'histoire et des obsessions du XXe siècle : les guerres, l'Europe, l'Est et l'Ouest, les minorités et les nationalités... Il contient d'intéressantes réflexions sur l'identité, la topographie, ou encore la judéité, mais ne fait pas l'économie de quelques passages convenus, comme lorsque le narrateur (peut-être excusable en ce cas par sa jeunesse) se lance dans une dénonciation du mode de vie occidental actuel et de ses marques emblématiques.

LA FUITE À CHEVAL SUR LE CORPS DES JEUNES FILLES

La mobilisation de certains thèmes récurrents fait cependant songer, davantage qu'à Kafka, à un autre Alain récemment disparu : Alain Robbe-Grillet. Personnages à l'identité multiple ou fluctuante, multiplication des points de vue subjectifs sur une même histoire, une même scène, basculement onirique, voire cauchemardesque, de certains épisodes, rôle prépondérant accordé à la sexualité et à ses manifestations diverses (y compris les plus « immorales ») : autant d'éléments qui paraîtront familiers au lecteur de Robbe-Grillet. Ainsi des scènes érotiques convoquant des figures classiques telles que poupées et mannequins, mises en scène SM, petites filles dociles, etc., figurant dans la deuxième partie du roman.

Le récit lui-même s'organise autour d'une sorte de fuite en avant impossible, jusqu'à perdre pied avec la

MARC-ANDRÉ ALLARD

1978 : naissance.

2003 : élu Lauréat du Prix Arthur Rimbaud. Textes publiés dans *Le vert Laurier* (anthologie), et dans plusieurs numéros de la revue "Le Coin de table" sous la direction de la Maison de la Poésie.

réalité et se prolonger dans un entre-deux onirique et sexuel interminable – soutenu à n'en pas douter par une forte dose de viagra. Ici le narrateur, finalement confronté à l'essence de son propre récit, puis à l'auteur lui-même, lutte voluptueusement pour sa survie, jusqu'à ce que toute possibilité de prolonger son existence lui soit retirée. *Coïtus interruptus*.
Fin du roman.

Voici donc en définitive un véritable livre-marathon qui ravira les lecteurs exigeants avides de mondes denses et obsessionnels. Les autres seraient mieux avisés de passer leur chemin, de peur de s'essouffler en cours de route.

Plonger dans l'origine

Une lecture du *Boutès* de Pascal Quignard par Daphné Pulliat

Puisant une nouvelle fois à la source mythologique, Pascal Quignard nous livre dans son dernier opus ce qu'il définit lui-même comme son « dernier petit livre consacré à la musique[1] ».

Musique dont le lecteur régulier a déjà entendu parler dans *La Leçon de musique*[2], où l'écrivain évoquait la mue masculine, la perte de la voix enfantine, puis dans *La Haine de la musique*[3] où il était question cette fois de la violence et du pouvoir de tentation de la musique. *Tous les matins du monde*[4], *Vie secrète*[5] et *Villa Amalia*[6] narraient cette attirance, ce lien de l'humanité avec la musique.

Un lien ; en grec : *seirein*. Ce sont les Sirènes, les *liantes*. Dans *Boutès*, Pascal Quignard nous ramène à ces Sirènes initiales, au mythe des Argonautes. Lorsque l'Argô s'approche des côtes de l'île des Sirènes, lorsque les créatures entonnent leur chant, Orphée élève le son de sa lyre afin de contrer la voix des femmes-oiseaux, les Argonautes se bouchent les oreilles avec de la cire ; Boutès, seul, se lève et plonge. Il « disside » nous dit Pascal Quignard, « *sedeo* c'est être assis sur son banc. *Dis-sedeo*, c'est de dés-asseoir .[7] »

1. *Boutès*, p.15.
2. Hachette, 1987.
3. Calmann-Lévy, 1996.
4. Gallimard, 1991.
5. Gallimard, 1998.
6. Gallimard, 2005.
7. *Boutès*, p. 33.

Figure dissidente sur laquelle Pascal Quignard veut « faire porter l'attention[1] », dans un désir déjà exprimé auparavant d'ouvrir « un instant la porte d'un livre à ces héros de la vie légendaire (...) qui ont été délaissés[2] ». Un réhabilitation, une défense et illustration de l'intérêt des figures mineures de notre mythologie et de notre histoire. Boutès, héros méconnu, devient le centre de la réflexion de Pascal Quignard sur la musique, sur ce qui nous y lie, ce qui nous attire en elle.

Parce qu'à la question « qu'est-ce que la musique originaire ? » Pascal Quignard répond : « le désir de se jeter à l'eau[3] », Boutès incarne la pensée spéculative de Pascal Quignard, sa quête lente, progressive et inespérée des origines. La musique originaire, la « sonate maternelle », ce son que nous entendions *in utero* car alors nous n'avions pas de cire pour boucher nos oreilles, revient et se ravive en nous lorsque nous écoutons de la musique, elle s'impose à Boutès lorsqu'il entend le chant de Sirènes.

MYTHOLOGIE DE LA MUSIQUE

Comme le mythe de Méduse que nous retrouvons fréquemment dans son écriture, Pascal Quignard utilise la figure mythologique de Boutès pour relancer son enquête. Le mythe sert à l'écrivain de source suggestive, de réservoir d'un sens qui est à découvrir et qu'il nous invite à interroger et à explorer avec lui.

La figure de Méduse lui inspirait dans *Le Sexe et l'effroi*[4] une vaste réflexion sur le détournement du re-

1. *Ibid.*, p. 15.
2. *Ibid.*, p. 29.
3. *Ibid.*, p. 26.
4. Gallimard, 1994.

gard, l'amenant à élaborer les concepts de fascination et de sidération. Les patriciennes venaient illustrer ce regard fuyant, ce détournement devant l'assaillant. Ici, le plongeon de Boutès qui « brûle d'entendre[1] » le chant des Sirènes relance la conception quignardienne de la venue au monde : « vie aquatique et vie atmosphérique se disjoignent au cours de la naissance. Vie de larve – presque un poisson – et vie de papillon – presque un oiseau. Presque un poisson, presque un oiseau : ce sont bien les figures de Boutès et des Sirènes.[2] »

Pascal Quignard force quelque peu le mythe, pousse la spéculation vers la sophistique. Le lecteur est comme acculé à reconnaître une vérité qui n'a pourtant rien d'évident, mais qui, dans l'obsession de la matrice et la fascination mythologique de Quignard, fait sens.

La musique, mythologiquement le chant des Sirènes, est ce qui force, qui fait obéir. C'est un pouvoir, une attirance qui précipite l'être dans le souvenir des premiers sons qu'il entendit, les premiers bruits qui vinrent pénétrer sa nuit initiale. Ces sons nous lient à notre origine, leur audition ravive irrémédiablement le souvenir de notre état antérieur.

L'épisode du saut de Boutès illustre une conception musicale déjà esquissée par Pascal Quignard dans des textes antérieurs. Souvent en effet il a tenté de distinguer cette musique initiale, la « mélodie utérine », de la musique atmosphérique. Le mythe de Boutès permet une avancée dans la conceptualisation de ces deux

1. *Boutès*, p. 11.
2. *Ibid.*, p. 32.

types de musiques ; attiré par « l'animalité antérieure », Boutès se soumet au chant des Sirènes, tandis que les rameurs qui résistent au chant choisissent l'audition du contre-chant d'Orphée.

Deux musiques, l'une sirénéenne, l'autre orphique. La première est orginaire, animale, féminine, « nécessairement soprano puisqu' [elle] vient du monde où la vie se développe[1] », l'autre est atmosphérique, humaine, masculine. « La pensée d'Apollonios est claire. À ses yeux il y a deux musiques. L'une de perdition (qu'il définit admirablement en disant qu'elle ôte le retour), l'autre orphique, salvifique, articulée, collective, qui est celle qui procure son unanimité et qui de ce fait assure la rapidité aux rames des rameurs.[2] »

Boutès plonge dans l'eau initiale pour rejoindre des femmes animales qui chantent, Orphée et les Argonautes demeurent entre hommes, dont la voix a mué, à sec, au son d'une cithare. Le premier écoute la « battue de son cœur[3] », les seconds le rythme des rames[4]. Avant la musique il y a une musique.

LA MUSIQUE SIRÉNÉENNE

Cet « élan de Boutès vers l'animalité antérieure[5] » est ainsi une étape supplémentaire dans l'ensemble de l'écriture quignardienne. Le récit d'Apollonios de Rhodes fait écho au chant de l'*Odyssée* que Pascal Quignard évoquait déjà dans *La Haine de la musique* au Ve traité intitulé « Le chant des Sirènes ». D'Ulysse

1. *Ibid.*, p. 17.
2. *Ibid.*, pp. 17-18.
3. *Ibid.*, p. 22.
4. *Ibid.*, p. 18.
5. *Ibid.*, p. 28.

à Boutès Pascal Quignard module les motifs de son écriture et de ses obsessions. Figures mythologiques qui servent d'illustrations pour une pensée de l'origine vers laquelle nous sommes irrémédiablement et inespérément attirés.

Une attirance que traduit la musique et son pouvoir sur le corps ; « *Was ist Musik ? Tanz*. Qu'est-ce que la musique ? La danse. Or qu'est-ce que la danse ? Le désir de se lever de façon irrépressible.[1] » Dans cette langue si chère à l'univers de son enfance, l'écrivain nous décrit l'équivalence qu'il voit entre la cause et l'effet : entendre de la musique c'est déjà danser ; pour Boutès entendre le chant des Sirènes, c'est avoir déjà sauté, alors que les autres Argonautes se sont prémunis du mal en se bouchant les oreilles.

Déjà Pascal Quignard évoquait cette musique qui « pénètre à l'intérieur du corps et pénètre l'âme. (...) La proie de la musique est le corps humain (...). Les Sirènes deviennent l'odos d'Odysseus (l'ode en langue grecque veut dire en même temps le chemin et le chant (...)[2] ». Le chant des Sirènes est bien le chemin que prend Boutès, il « dit oui[3] » à l'audition.

La musique est une violence consentie car l'audition est une passivité volontaire. Comme tout « auditeur » Boutès s'expose à cette tentation plus puissante que lui. « La musique nous tente d'une tentation qui est au dessus de nos forces[4] ». Cette tentation est d'autant plus forte qu'elle est l'appel de l'origine ; les Sirènes appellent Boutès « par bien plus que son nom : par la

1. *Ibid.*, p. 25.
2. *La Haine de la musique, opus. cit.*, p. 219.
3. *Boutès*, p. 30.
4. *Ibid.*, 71.

battue de son cœur[1] ». C'est la vie même qui l'appelle et qui le plonge pourtant dans la mort, dans la mer. « Il avait dit oui à la musique d'origine[2] » écrit Pascal Quignard, soulignant une acceptation, le choix d'un chemin dont l'irrémédiabilité est connue.

La musique précipite dans l'origine, les Sirènes précipitent Boutès dans la mer, il y plonge ; « Le Plongeur », appellation qui convoque la peinture grecque de Paestum[3], rejoint la « vieille eau[4] », cette « eau [qui] vient d'autrefois[5] ». Boutès retourne à la *panthalassa*, « comme le corps du fœtus au fond du liquide sonore obscur, tel le corps de Boutès, l'Argonaute périssant dans la mer[6] » ; le retour vers la musique est un plongeon dans l'origine. C'est un retour dans l'équivalent d'un liquide amniotique semble nous dire l'écrivain.

« La musique nous enveloppe et c'est ainsi qu'elle nous pénètre car elle est vaste et infinie comme la mer[7] », Pascal Quignard cite Vladimir Jankélévitch afin de poursuivre la métaphore de la musique comme une eau originelle. La mer enveloppante et pénétrante comme le son qui « ignore la peau, ne sait pas ce qu'est une limite : il n'est ni interne ni externe. Illimitant, il est inlocalisable.[8] » La musique est comme une mer, comme une mère, ouïr est comme retourner vers l'origine.

« Le son s'engouffre. Il est le violeur[9] », une image

1. *Ibid.*, p. 22.
2. *Ibid*, p. 30.
3. évoquée p. 49.
4. *Boutès*, p. 77.
5. *Ibid.*, p. 22.
6. *Ibid.*, p. 76.
7. *Ibid.*, p. 76.
8. *La Haine de la musique, opus cit.*, p. 107.
9. *Ibid.*, p. 108.

violente que propose Pascal Quignard à son lecteur pour décrire le pouvoir tentateur de la musique ; l'audition est un piège, le chant un chemin (*odos*) qu'on ne peut pas rebrousser, sur lequel on ne peut pas se retourner, comme Orphée remontant des Enfers.

L'interdiction de revenir en arrière, de se retourner même, est réactualisée ici par le mythe shintô de l'origine du Japon d'Izanami et Izanagi[1] ; la passion orientale de Pascal Quignard vient ici faire écho au mythe d'Orphée et Eurydice. Des mythes du non-retour et du non-retournement qui viennent en symétrie de l'épisode de Boutès : Izanagi, Orphée remontent de la mort vers la vie et ne peuvent se retourner, Boutès plonge de la vie vers l'origine et ne peut pas ne pas avoir sauté. Des mythes de l'impossible rétro-action qui nous aide à penser l'irrévocable. « Le fait de se jeter dans le vide entraîne qu'on ne peut pas revenir sur l'élan.[2] »

Méditation sur le sort et le temps qu'incarne le saut de Boutès ; « l'origine se poursuit dans le temps.[3] » Boutès vient relancer les spéculations quignardiennes sur l'origine et le temps. L'homme à tête d'oiseau de Lascaux est mis à côté du plongeur de Paestum, l'un tombe en arrière, le second se jette en avant et c'est pourtant un même mouvement de retour vers les origines qu'ils opèrent.

Un mouvement à double sens dans lequel nous entraîne Pascal Quignard en retrouvant ses étapes scripturales habituelles : les recherches étymologiques, l'esthétique du sordide – on retrouve une nouvelle

1. *Boutès*, p. 69.
2. *Ibid.*, p. 50.
3. *Ibid.*, p. 52.

fois les éponges[1], ces « créature[s] antérieure[s][2] » -, l'amour du monde antique – la mort de Caton[3] -, et la science qui devient presque une nouvelle mythologie avec la figure quasi totémique du saumon qui fraie[4].

L'ÉCRITURE, LE CHOIX D'UN SILENCE

C'est à l'image de ce saumon qui retourne là où il naquît pour y mourir que Pascal Quignard retourne vers les origines par l'écriture. L'écriture plutôt que la musique à laquelle il a renoncé, ainsi qu'il le raconte dans un de ses rares moments d'autobiographie dans les dernières pages du livre. La musique qui nous précipite trop violemment dans l'origine ; « je ne peux écouter de la musique que seul. Seul comme à l'origine », car retourner à « l'existence solitaire qui précède la naissance, qui précède la respiration, qui précède le cri, qui précède le souffle, qui précède la possibilité de parler[5] », c'est ne plus pouvoir respirer ni parler, c'est mourir physiquement et socialement. Ainsi Pascal Quignard choisit d'écrire, « la seule façon de parler en se taisant » ainsi qu'il nous le disait déjà dans *Le Nom sur le bout de la langue*[6].

L'écriture est le choix d'un certain silence : un « vœu de silence », à l'instar du titre de l'essai consacré par Pascal Quignard à Louis-René des Forêts. Un silence qui est celui de l'enfance, mutisme volontaire ou

1. *Ibid.*, p. 45.
2. *Ibid.*, p. 46..
3. *Ibid.*, pp. 37-39.
4. *Ibid.*, p. 71.
5. *Ibid.*, p. 45.
6. P.O.L., 1993, p. 61.

éloignement temporaire de la parole ; ce silence est celui qui rend sourd, imperméable à l'extérieur, et qui rend seul. Anachorèse, solitude silencieuse, mutisme, ce sont bien là des caractéristiques que l'écrivain partage avec les figures qu'il choisit et les personnages qu'il crée.

L'écriture - comme la lecture d'ailleurs – rend imperméable à l'audition, donc à la musique. C'est en ce sens que Boutès est la figure parallèle de celle de l'écrivain. Musique et écriture sont deux chemins vers l'origine ; de l'un on ne revient pas : « Boutès : rejoindre la condition originaire c'est mourir[1] » conclut Pascal Quignard. Certains meurent de l'audition de la musique, comme Boutès, « sans la musique [d'autres] (…) *mourraient*[2] », comme Pascal Quignard semble-t-il.

DAPHNÉ PULLIAT

1985 : naissance.

Depuis 2007 : thèse de doctorat sur *Pascal Quignard critique d'art.*

1. *Boutès*, p. 72.
2. *La Haine de la musique, opus. cit.*, p. 28.

La fantaisie des Lumières libertines

Une lecture de *La Guimard* de Guy Scarpetta par Sébastien Hubier

> Le XVIIIe siècle est beaucoup plus qu'une période historique, ou qu'un repère chronologique : plutôt une catégorie de la sensibilité, du goût, de la sensation. C'est même en quoi il n'a de sens qu'à être vécu *au présent* : non comme le rêve nostalgique et régressif d'un âge d'or perdu, ou comme l'illusion de sa possible restauration ; mais plutôt comme le modèle, sans cesse à actualiser, d'une alliance précieuse entre la pensée la plus libre et le goût le plus raffiné [1].

Guy Scarpetta s'est continûment intéressé aux plaisirs des tréteaux, à la danse. Au cœur de *L'Impureté* [2], il en suggérait l'importance capitale dans le panorama artistique et intellectuel des années 1970-1980, s'attachant à l'invention de nouvelles scènes, de performances novatrices, finissant par s'avouer séduit par les transes baroques plus que par toute autre chorégraphie. Quelques années plus tard, dans *L'Artifice*, il revenait à Merce Cunningham, à Trisha Brown et au *flamenco*, « l'une des danses les plus explicitement érotisées qu'on puisse imaginer : fièvres, contorsions retenues, alternances de poses provocatrices, prostitutionnelles, et de moments d'emportement, œillades, art de chauffer le partenaire invisible, de suggérer un affrontement constant, ornementalité, indices d'animalité, frémissements, précipitation nerveuse, science

1. G. Scarpetta, *Pour le Plaisir*, Paris, Gallimard, 1998, p.171.
2. G. Scarpetta, *L'Impureté*, Paris, Grasset, 1985, p.175 sqq.

rythmique, souffle, élan des reins aux flancs, mouvements spiralés montants, exhibition calculée, obscénité franche, progression contrôlée de la transe, de l'emballement, ressaisissement, volte-face brusques, feintes, retour de la maîtrise dédaigneuse au cœur de l'exaspération, cambrures, torsions, de nouveau précipitation, — et s'il était là, beaucoup mieux que partout ailleurs, se demandait-il, le fameux "corps baroque" ? »[3] Il y a tout juste dix ans, enfin, il brossait à grands traits, dans *Pour le Plaisir*, l'éthopée d'« une femme exemplaire », qui « fut la maîtresse et le modèle de Fragonard », « l'une des stars de cette danse baroque qui enflammait les amateurs » des Lumières. « Elle se nommait Marie-Madeleine Guimard ». Il ajoutait, par parenthèse, voir « dans cette vie de la Guimard quelque chose d'exemplaire : l'idée de ne jamais céder sur son goût, ni sur son désir, même s'ils sont à contre-courant ; une sorte de paradoxal *héroïsme de la volupté* ». Et de renchérir : « il y a là, on le sent, comme le germe d'un roman »[4].

Guy Scarpetta s'est continûment intéressé aux plaisirs des alcôves, à la licence aussi. Dans *L'Impureté*, il se tournait vers le XVIIIe siècle pour défendre une « paradoxale actualité du libertinage »[5]. Dans *L'Artifice*, il en revenait à Baudelaire afin de montrer que « la beauté relève de l'art, non de la nature », et de mener l'éloge appuyé du maquillage, « allusion impudique », « invitation au plaisir »[6]. Dans ses *Variations sur l'érotisme*, il traçait, il y a quelques années, les

3. G. Scarpetta, *L'Artifice*, Paris, Grasset, 1988, p.182-183.
4. G. Scarpetta, *Pour le Plaisir*, éd.cit., p.182 passim.
5. G. Scarpetta, *L'Impureté*, éd.cit., p.330.
6. G. Scarpetta, *L'Artifice*, éd.cit., p.231 passim.

linéaments des paradoxes contemporains en matière de sexualité : « plus la pornographie se répand, plus grandit le désir de répression, de censure »[7]. Évidemment, il est un lien entre la volupté et la danse, et ce lien tient à ce que « tout le monde, en matière d'érotisme, n'est pas également doué. Pas plus que n'importe quel art, il ne saurait répondre à une exigence démocratique… De l'érotisme, en somme, on pourrait dire ce qu'on dit de la musique : tous les êtres humains sont capables d'apprendre à jouer du piano (rien, dans le programme génétique de l'espèce, ne s'y oppose) ; mais il ne s'ensuit pas pour autant que chacun puisse devenir Glenn Gould »[8]. Bref, au contraire de la simple pratique de la sexualité dans laquelle même des balourds peuvent exceller, l'érotisme, à l'instar du sentiment et des arts, demeure le privilège des *gens d'élite,* comme on le disait au XVIIIe siècle.

À y regarder de près, les essais de Scarpetta forment ainsi une œuvre, un bel ensemble qui possède sa propre cohérence, réorganise des motifs obsédants, remaniant inlassablement des images et des arguments. Et *La Guimard* est pleinement constitutive de ce *work in progress,* appuyant d'anciennes appréciations, précisant de précédentes allusions — mais, cette fois, sur le mode du roman, soit bien plus que de la simple fiction. Comme ses essais, le dernier livre de Scarpetta est parfaitement informé, et c'est un premier plaisir, celui du lettré, que de suivre minutieusement les authentiques aventures de la Guimard : le Théâtre de Pantin, son Temple de Terpsichore, le

---

7. G. Scarpetta, *Variations sur l'érotisme,* Paris, Descartes & Cie, 2004, p.103..

8. *Ibid.,* p.16.

Souper des Chevaliers de Saint-Louis, festin qu'elle prescrivit qu'on dispensât aux crève-la-faim, ses amours avec Charles de Rohan, prince de Soubise, et avec Jean-Benjamin de Laborde, son « amant honoraire », ou encore le succès, en décembre 1772, de *La Vérité dans le vin*, véritable chef-d'œuvre du théâtre grivois. Les sources de Scarpetta sont nombreuses, des *Mémoires secrets de Bachaumont* jusques à la notice qu'Edmond de Goncourt écrivit d'après les registres des menus-plaisirs de la bibliothèque de l'Opéra. Néanmoins, cette érudition n'est pas vaine et derrière ces références savantes et référentielles se profilent d'autres modèles, romanesques et divertissants, ceux-là : Crébillon, Andréa de Nerciat, Vivant Denon, Sade, bien sûr, et Boyer d'Argens d'où semble tout droit tiré le charmant tableau de la dernière orgie de la Guimard[9].

Qui a eu la chance de disserter avec lui jusqu'aux heures avancées de la nuit des mérites respectifs du *Mojito* et du *Mint Julep* sait à quel point Scarpetta abomine les censeurs du goût, les importuns, les rabat-joie qui prennent tout au sérieux ; et à quel point la littérature est *essentiellement* pour lui jubilation et intelligence. Cette allégresse et ce goût pour l'esprit, la vie, romanesque, de la Guimard les sert à merveille tout en donnant l'occasion à son biographe de constituer un nouvel art du roman. Car les échos qui unissent entre eux ses essais, ses ouvrages théoriques et ses fictions, on les retrouve au sein même de cette biographie, construite comme l'étaient les romans du XVIIIe siècle, picaresques ou libertins. C'est là aussi

9. G. Scarpetta, *La Guimard*, Paris, Gallimard, 2008, p.249.

pour lui une manière de revenir sur les sujets qui le poursuivent et le possèdent : la fascination pour les courtisanes de grandes manières et les libertins de haute volée, les injures de l'âge, l'ingratitude des sots, l'ascétisme des vaniteux, l'ignoble moralisme des Révolutionnaires de tout poil, tous *liberticides*. Mais, précisément parce qu'il s'agit d'un roman, le jeu des points de vue et des anecdotes, les discordances du récit aux discours, le contrepoint du bel *Illuminismo* et de notre vilain Âge de fer modèrent les propos tranchés, les raisons trop contrastées. Au fond, dans ce roman, preste et pénétrant, seuls Noverre, le réformateur du ballet, et le peintre David sont véritablement conspués. Le second surtout apparaît comme un vrai sauvage, pusillanime, ingrat, un de ces ordonnateurs tristounets du mauvais goût, ancêtres rustauds des engagés de notre XXIe siècle qui, prétendant changer les artistes en vagues travailleurs sociaux, ne laissent pas d'irriter Scarpetta[10]. Quant aux autres – Soubise et Orléans, Fragonard, Mirabeau et Talleyrand, ils sont figurés comme des êtres complexes, vus, pour ainsi dire, de l'intérieur. Scarpetta montre ainsi que les libertins des Lumières ne furent pas tous des réactionnaires obtus, et qu'*a contrario* « toute une part de l'esprit libertin a bien survécu au cœur même de la Révolution »[11]. C'était déjà là une idée esquissée par notre auteur, il y a vingt ans, dans *Le Quatorze juillet*, une façon de roman consacré à Sade, Goya et Mozart. Car, significativement, c'est le 14 juillet 1789 que sonne l'heure du déclin de la Guimard, décadence languissante au cours de laquelle l'ancienne dan-

10. *Ibid.*, p.220-222.

11. *Ibid.*, p.265.

seuse, courtisane sénescente, retourne, avec élégance, à la misère dont elle était issue. Sans jamais composer avec ses exigences – de la danse ni de la vie –, elle meurt en artiste accomplie et en libertine consommée, comme Picasso s'éteindra, deux siècles plus tard, dans sa villa de Mougins, penché sur ses dernières images, peintures, dessins, gravures : « des seins, des culs, des vulves, des verges bandées, des poils méticuleusement tracés, des corps féminins tordus, des contorsions de pénétration, des houles de jouissance »[12].

Essai sur la danse, *La Guimard* éclaire parfaitement ce que sont la grâce, la vigueur, la sensualité des effacements suaves du buste, l'érotisme des ronds de bras caressants. Biographie, *La Guimard* noue indissolublement ascension et déclin, arts et amours, mondanités et voluptés — en somme, une vie y devient un destin. Fiction, *La Guimard* repose sur le postulat que « la "vérité" que poursuit un roman n'a pas forcément à coïncider en tout point avec celle de l'Histoire (si l'on admet que celle-ci soit autre chose qu'un mirage de plus...) »[13]. Mais ces trois genres se rencontrent et se complètent, tout comme la Guimard revit en Maria, la danseuse gitane, et en Mélanie Morel, « la chorégraphe contemporaine outragée par les compromissions »[14] auxquelles elle est forcée de consentir. Car le roman est pour Scarpetta ce genre mêlé qui combine passé et présent, et dans lequel un narrateur, lui ressemblant à s'y méprendre, aime à venir s'interposer entre son héroïne et son lecteur, à associer l'authen-

12. *Ibid.*, p.295.
13. *Ibid.*, p.301.
14 *Ibid.*, p.304.

tique et le controuvé. Si le passé vient ainsi hanter le présent, le présent à rebours détermine le passé : c'est la découverte de Trisha Brown – dans son *loft* de New York puis au festival d'Aix-en-Provence – qui a éveillé pour la Guimard l'intérêt du narrateur, dont la passion pour la danse s'est ensuite trouvée confirmée par son amour du *flamenco*, lui-même excité par le spectacle de Maria dans une taverne de Séville. Tous ces contrepoints contemporains au *settecento* – heureux siècle de l'esprit, de la licence et du goût, tendent à faire penser que le narrateur est inconsolable de n'avoir point vécu les règnes de Louis XV et Louis XVI — quoiqu'il eût, sans doute, préféré la Régence et aimé mieux encore s'encanailler aux petits soupers galants du Duc d'Orléans. Regrettant, comme Musset, d'être « venu trop tard dans un monde trop vieux », il se désole de n'avoir pas eu la chance de fréquenter le salon de Marie-Madeleine Guimard. Mais ce roman n'est pas pure complainte ; c'est le fruit d'« une longue histoire d'amour, éperdue, désespérée, insensée, d'un homme du présent pour une femme ayant vécu deux siècles auparavant... Une longue lettre d'amour, sous le masque d'une biographie, adressée par le narrateur à la Guimard, sans le moindre espoir de retour... »[15]

Avec le raffinement qu'on lui connaît – et la généreuse emphase aussi qui est parfois sienne – Guy Scarpetta expose les bons tours et les possibilités du genre romanesque. Il poursuit ainsi, sur un mode ludique, les réflexions qu'il avait engagées, à la fin des années 1990, dans ses analyses des œuvres de Philip Roth, de Milan Kundera, de Mario Vargas Llosa, de Claude Simon, de Danilo Kiš, de Carlos Fuentes, de

15. *Ibid.*, p.303.

Thomas Bernhard, ses amis, ses modèles. Car qu'est-ce, en somme, que *La Guimard* ? Ce n'est pas seulement le panégyrique des charmes de la lascivité. Ce n'est pas seulement la biographie d'une danseuse baroque, d'une courtisane assouvissant son goût du luxe grâce aux riches et puissants protecteurs qu'elle paie de son art et de son corps. Ce n'est pas seulement une collection d'anecdotes, même s'il en est de savoureuses, comme le récit de l'orgie au cours de laquelle Mirabeau et Talleyrand se partagent les faveurs et le corps joyeux de notre héroïne. Ce n'est pas seulement un spicilège de considérations psychologiques expliquant pourquoi jadis, on le sait, les petites danseuses de l'Opéra aimaient à être désignées par le sort pour être caressées par de vieux dévoyés dont l'unique passe-temps était « de déflorer et de dépraver les jeunes filles à peine pubères qui leur étaient confiées »[16] : ces « débauchés, si leur corps n'est plus très frais, vont du moins permettre [à la juvénile Guimard] d'éviter l'étape pénible des amants trop jeunes, empotés, tâtonnants, des élans lyriques déplacés, des attouchements brouillons et frustrants »[17]. Qu'est-ce donc que *La Guimard* ? C'est une époque (l'âge d'or des Lumières libertines) évoquée grâce aux moyens propres à la nôtre, cet âge d'or du roman. C'est une manière de cerner avec cette singulière sagacité qu'autorise seule la fiction un heureux temps, hélas disparu. C'est une fantaisie, un caprice, une forme bizarre dans laquelle Scarpetta excelle, dérogeant à plaisir aux compositions habituelles. C'est une fantaisie, *imagination* et

16. *Ibid.*, p.29

17. *Ibid.*, p.52.

fancy, un fantasme – celui d'une jolie danseuse, « experte, jusqu'au bout, dans l'art de nous enflammer »[18], et un regret – celui d'un bel âge qui savait, d'instinct et de raison, que « l'opposition du libertinage et du sentiment amoureux n'est pas si tranchée qu'il est convenu de le penser » [19].

SÉBASTIEN HUBIER

1971 : naissance.

Depuis 2000 : maître de conférences en littérature comparée à l'Université de Reims.

2003 : publie *Littératures intimes.*

2004 : *Le Roman des quêtes de l'écrivain.*

2007 : *Lolitas et petites madones perverses.*

2009 : *L'Érotisme à l'âge bourgeois* (à paraître).

18. *Ibid.*, p.311.
19 *Ibid.*, p.149.

FRÈRES INHUMAINS
L'ÉNIGME DU MAL CHEZ NORMAN MAILER ET JONATHAN LITTELL

PAR JORDI GRAU

En 2006 et 2007 paraissaient *Les Bienveillantes*, de Jonathan Littell et *Un château en forêt*, de Norman Mailer. Chacun à sa manière, les deux romanciers se sont attaqués à la même énigme : comment les nazis, des hommes si semblables à nous, si « civilisés », ont-il pu commettre de tels crimes ? Comment expliquer ce fanatisme froid et méthodique qui animait leur entreprise d'extermination ?

Ce qui rapproche encore Mailer et Littell, c'est qu'ils ont tous deux choisi de se placer du point de vue du méchant. Le procédé paraît avoir gêné certains lecteurs. C'est qu'il est périlleux de se glisser dans la peau du diable. En pénétrant dans ses pensées et dans ses sentiments, ne pourrait-on sympathiser avec lui ? Et à partir de là, n'en viendrait-on pas à excuser ses actes ? Le risque existe, sans nul doute. Mais que vaut un livre qu'on peut lire sans risque ? Et puis il y a quelque chose d'illogique, dans ce refus de se mettre à la place du méchant. Considérer le mal comme une entité radicalement autre, refuser de le comprendre, c'est s'interdire de le combattre efficacement. C'est donc, au rebours de ses intentions affichées, en devenir complice. C'est même, à la limite, s'identifier avec lui. Quoi qu'en dise Baudelaire, croire au diable est le meilleur moyen de devenir soi-même diabolique. Les plus grands criminels de l'histoire ont commencé par diaboliser de prétendus ennemis (sorciers, « sauvages », Juifs, Tutsis...) avant de les massacrer.

Il faut donc rendre grâce à Littell et Mailer : en romanciers qui se respectent, ils ont résisté aux pernicieuses séductions de la morale et n'ont pas craint de s'aventurer sur les terres mal connues de la méchanceté. Gardons-nous pourtant de les mettre sur le même plan. Littell est un bon écrivain, sans contredit. Mais Mailer est un maître, un géant, un des Phares de la littérature mondiale. Pour s'en convaincre, il n'est que de lire la couverture d'*Un château en forêt* : « Ce livre, déroutant et audacieux, le premier roman de l'auteur depuis plus de dix ans, vient couronner une prodigieuse carrière littéraire. Un chef-d'œuvre. » Ces quelques lignes disent tout, et on sent bien qu'elles ont l'accent de la vérité. Leur anonymat y est sans doute pour beaucoup : il leur donne cette froideur objective qui est la marque de toute pensée scientifique. D'ailleurs, la lecture du roman les confirme en tout point. Oui, *Un château en forêt* est un chef-d'œuvre : un chef-d'œuvre de médiocrité.

Qu'on ne voie aucune ironie dans ce jugement : il faut prendre ici ce mot de *médiocrité* dans son sens le plus plein, le plus beau. La médiocrité du roman de Mailer, c'est le juste milieu d'Aristote, c'est la *mediocritas aurea* d'Horace, c'est cette modération si prisée des Anciens, si décriée – hélas ! – de nos contemporains au goût corrompu. Avec une virtuosité stupéfiante, Norman Mailer chemine durant 447 pages sur l'étroite ligne de crête qui sépare le franchement nul du presque pas trop mal. Souvent, le roman est sur le point de sombrer dans le zéro absolu. Et le lecteur de se réjouir d'avance : enfin, pense-t-il naïvement, il va se libérer de sa tension nerveuse, rire de ce comique involontaire qui fait le charme des très mauvais livres. Mais non. Cette satisfaction même lui sera refusée, car Mailer sauve in extremis son roman de la niaiserie achevée. Aucune drôlerie ne fleurira dans cet immense désert d'ennui. Oh ! qui pourra dire la joie du lecteur courageux lorsqu'il aperçoit la fin du roman, cette Terre promise à laquelle il avait presque cessé de croire ? Quel aède d'aujourd'hui chantera son soulagement, et la virile fierté d'avoir lu jusqu'à la lie ?

Tel est le premier intérêt de cette lecture : en ces temps efféminés, en cet âge d'abjection où de jeunes gens timorés se vautrent ad aeternam dans le cocon parental, elle est une manière de rite de passage, un long chemin initiatique dont les rigueurs passent en cruauté les plus barbares scarifications. Si l'on survit à cette épreuve, on se sent noble et vaillant, prêt à affronter l'horreur de l'existence moderne. On se sent plus intelligent aussi, tant *Un château en forêt* stimule la pensée du lecteur. À défaut de résoudre l'énigme du mal, il constitue une démonstration – d'autant plus convaincante qu'elle est involontaire – de l'absurdité du manichéisme. Car Norman Mailer semble bien avoir appartenu à cette antique Église. Pour lui, la terre est un champ de bataille où le bien et le mal s'affrontent sans relâche. Or, comme tous les dualismes, le manichéisme s'enferme dans une impasse logique : si le bien et le mal sont deux substances radicalement hétérogènes, comment peuvent-ils s'affronter, entrer en contact, agir l'un sur l'autre ?

Ce problème insoluble, on peut le contourner. Il existe pour cela deux méthodes fort efficaces. La première consiste à renvoyer l'origine du mal à une série de boucs émissaires de plus en plus lointains et mystérieux. On en trouve un exemple canonique dans le récit biblique de la chute. Déclinant courageusement toute responsabilité dans cette affaire, le bon Dieu fait porter le chapeau à Adam. Celui-ci accuse à son tour sa compagne, laquelle se défausse pour finir sur une malheureuse bête des champs qui passait par là. Mailer a parfaitement assimilé cette technique. Il a tout d'abord cette intuition admirable : et si les crimes nazis trouvaient leur origine dans un génie du mal nommé Adolf Hitler ? Voilà enfin une idée neuve et profonde. Malheureusement, elle n'est pas tout à fait satisfaisante. Car Hitler, malgré tout, était un homme. Ou du moins il le fut – quelques mois, au tout début de sa vie, avant de se métamorphoser en monstre. Par bonheur, ou plutôt par génie, Mailer a trouvé un responsable plus originel : un démon. Tout le roman « explique » comment les forces des ténèbres ont perverti Adolf Hitler, depuis sa conception incestueuse (bel argument de vente) jusqu'à la fin de l'adolescence. Il fallait y penser ! Et le plus astucieux, c'est que ce diabolique mentor est également le narrateur de l'histoire. Voilà qui est bien propre à exciter notre curiosité. Enfin, nous allons pouvoir comprendre le mal de l'intérieur ! Il faut l'avouer, pourtant, nos espoirs seront vite déçus. Loin d'être le prince des Démons, le narrateur n'est qu'un diablotin au service d'un esprit bien plus puissant : le « Maestro ». Le corrupteur de Hitler n'est donc qu'un pauvre diable, un agent secret d'une effroyable banalité. Heureusement, il nous reste le « Maestro », dont on peut à bon droit penser qu'il est Satan en personne. Hélas ! un coup de théâtre final nous apprend qu'il n'est qu'un démon de seconde catégorie. Dans cette histoire, en somme, personne n'est radicalement méchant.

La deuxième méthode employée par Mailer pour masquer les contradictions du dualisme, c'est de prêter au diable une activité excessivement discrète. Là encore, il s'agit d'escamoter le mal, de le rendre quasi inaperçu. *Un château en forêt* n'est pas *Rosemary's baby*. Madame Hitler ne sera pas fécondée par un grand méchant bouc, mais par un fonctionnaire des douanes très humain, trop humain. Si le diable intervient dans l'histoire des hommes, c'est par petites touches subtiles – si subtiles, à vrai dire, qu'elles en deviennent dérisoires. Ce à quoi nous convie Norman Mailer, c'est à un feu d'artifice de petits « faits » sans intérêt, c'est à une floraison sans fin d'adorables insignifiances. On voudrait les citer toutes… c'est impossible, hélas ! Contentons-nous de deux exemples. D'abord, une révélation de la première importance : comme toutes les créatures marquées par le Diable, le jeune Adolf Hitler puait. Tout devient clair ! Le totalitarisme, la seconde guerre mondiale, le meurtre des handicapés mentaux, la Solution finale… tout cela n'était au fond qu'un problème d'odeur. Idée brillante, certes, mais un peu étrange, puisqu'elle n'est pas sans évoquer un vieux cliché xénophobe. Les suppôts de Satan sentent le soufre, tout comme les étrangers sentent l'ail et le beurre rance. Paradoxalement, le manichéisme de Norman Mailer l'amène à penser selon les mêmes schémas que les idéologies racistes qu'il est censé condamner. En riant de la puanteur du petit Adolf, l'auteur se révèle très semblable à deux de ses personnages, madame Hitler et sa belle-fille, qui s'amusent comme des folles à imaginer l'odeur ignoble des métèques (Tchèques, Polonais, etc.). Il y avait là une bonne occasion de décrire l'influence de ce milieu raciste sur le jeune Hitler. Seulement, c'eût été ramener le nazisme à des origines humaines, c'est-à-dire renier le dogme manichéen.

De manière générale, Norman Mailer ne s'intéresse guère aux phénomènes collectifs. Hitler et le nazisme ne s'insèrent pas dans une évolution historique : ils sont, tout simplement, des créatures du « Maestro ». Peut-être par réaction contre le marxisme, auquel il a jadis adhéré, Mailer semble mépriser toute explication sociologique, économique ou idéologique. Ce qui l'intéresse, ce sont les anecdotes infimes, les minuscules interventions du Malin. Les petits ruisseaux font les grandes rivières, tel est l'unique principe – admirable dans sa simplicité – de la science historique mailerienne. On le retrouve à l'œuvre dans un des plus étonnants passages du roman, lorsque le petit Adolf assiste au gazage d'une ruche, puis rêve – sous l'influence du diable – qu'il compte les cadavres des abeilles. Il est aisé de comprendre qu'il n'y a aucune commune mesure entre cet incident et le génocide qu'il est censé préparer. Mais Norman Mailer, sachant qu'il sera lu par des attardés (quel lecteur intelligent pourrait acheter un tel livre ?), a la gentillesse de leur fournir une exégèse : « Je tiens tout de même à mettre le lecteur en garde pour qu'il n'accorde pas trop d'importance au gazage des abeilles ni au décompte des cadavres. On ne peut y voir l'unique cause de ce qui devait se produire plus tard. »

Mais en voilà assez pour ce roman. Comme son auteur lui-même nous y invite, n'accordons pas trop d'importance à ce délire dérisoire. Intéressons-nous plutôt à un ouvrage sérieux et intelligent : *Les Bienveillantes*, de Jonathan Littell. À bien des égards, ce livre est l'opposé d'Un château en forêt. Au lieu de se perdre dans des fictions microscopiques, Littell nous plonge immédiatement dans une horreur bien réelle, en s'appuyant sur une solide documentation. Au lieu de tout ramener au cas Hitler, il considère la Shoah comme un événement complexe et collectif. Au lieu d'invoquer l'intervention du démon, il fait des nazis des êtres humains, et jusque dans ce qu'on a coutume d'appeler leur « inhumanité ». Les crimes les plus odieux ne sont pas le fait de monstres : voilà une idée inquiétante, mais infiniment plus vraie que les diableries de Norman Mailer. En lisant *Les Bienveillantes* après *Un château en forêt*, on a enfin le sentiment de comprendre quelque chose au mal, parce que ce dernier n'est plus rejeté dans une transcendance brumeuse.

Le narrateur n'est donc pas un diablotin, mais un ancien officier SS : Maximilian Aue. À la fois témoin et complice, il raconte dans les détails l'histoire du génocide juif telle qu'il l'a vécue, depuis la Shoah par balles jusqu'à l'évacuation du camp d'Auschwitz. De temps en temps, il interrompt la narration par quelques réflexions, tentant de comprendre comment une telle horreur a pu se produire. Souvent profondes et justes, ces pensées ont pourtant quelque chose de décevant. Comme s'il craignait de se regarder en face, Aue s'efforce de diluer sa responsabilité en mouillant son hypocrite lecteur, son semblable, son frère. Si nous valons mieux que lui, dit-il en substance, c'est simplement parce que nous n'avons jamais été à sa place. Pour séduisant qu'il soit, ce discours ne parvient pas tout à fait à nous convaincre. Il pourrait valoir, à la rigueur, pour de simples exécutants. Plusieurs fois, Aue fait la connaissance de ces braves soldats, qui commettent des crimes sans méchanceté, pour obéir aux ordres. Le plus marquant de ces bourreaux ordinaires, un certain Döll, tue des juifs à Sobibor après avoir achevé en Russie des blessés allemands « inutiles ». Il inspire au narrateur ces quelques réflexions : « On a beaucoup parlé, après la guerre, pour essayer d'expliquer ce qui s'était passé, de l'inhumain. Mais l'inhumain, excusez-moi, cela n'existe pas. Il n'y a que de l'humain et encore de l'humain : et ce Döll en est un bon exemple. Qu'est-ce que c'est d'autre, Döll, qu'un bon père de famille qui voulait nourrir ses enfants, et qui obéissait à son gouvernement, même si en son for intérieur il n'était pas tout à fait d'accord ? S'il était né en France ou en Amérique, on l'aurait appelé un pilier de sa communauté et un patriote ; mais il est né en Allemagne, c'est donc un criminel. »

Pertinentes pour Döll et ses semblables, ces réflexions s'appliquent mal à un officier supérieur comme Eichmann. Littell, qui a bien lu Arendt, ne commet pas l'habituel contresens sur la « banalité du mal ». Son Eichmann n'est pas un monstre, sans doute, mais ce n'est pas non plus un gentil garçon comme vous et moi. Son carriérisme, son zèle administratif, l'étonnante froideur de son âme étriquée, tout en lui est minable, mais à un degré suréminent.

Plus singulier encore est le cas d'Aue. Intelligent et sensible, le narrateur des *Bienveillantes* n'a rien d'un fonctionnaire borné comme Eichmann, ni d'un simple exécutant comme Döll. Pourtant, comme s'il était aveugle à sa singularité, il ne cesse d'insister sur ce qu'il a de commun avec les autres hommes : « Frères humains, laissez-moi vous raconter comment ça s'est passé ». Ainsi commence *Les Bienveillantes*, et d'emblée ce discours sonne faux. On dirait qu'Aue essaie de se persuader, en vain, qu'il est un homme ordinaire. Ce qui pouvait émouvoir chez Villon ne nous touche plus chez lui. Son apostrophe, justement parce qu'elle est une allusion littéraire, semble un peu trop artificielle. La fin du premier chapitre confirme cette impression : « Je vis, je fais ce qui est possible, il en est ainsi de tout le monde, je suis un homme comme les autres, je suis un homme comme vous. Allons, puisque je vous dis que je suis comme vous ! » À force d'être répétée, cette protestation finit par ressembler à de l'ironie. Aue, encore une fois, ne paraît pas croire à son propre discours.

Il faut dire qu'il y a chez lui une contradiction qui frise l'hypocrisie. D'un côté, il affirme constamment l'unité du genre humain. De l'autre, conformément à la doctrine nazie, il divise l'humanité en sous-espèces rivales et d'inégales valeurs. Sans doute pourrait-on résoudre cette contradiction en distinguant le narrateur, un tranquille chef d'entreprise français, et le SS qu'il fut jadis. Mais cette distinction est somme toute assez floue, car Aue ne regrette pas son passé criminel. S'il reconnaît sa responsabilité, c'est d'une façon tout extérieure, à la manière dont les héros de la tragédie grecque assument la faute dont le destin les a chargés. S'il n'adhère plus au nazisme, ce n'est pas parce qu'il en a perçu l'absurdité intrinsèque : c'est parce que l'Allemagne a perdu la guerre. On sent bien qu'il reprendrait son uniforme SS si le Troisième Reich renaissait de ses cendres.

Malgré ses contradictions – ou plutôt à cause d'elles – Aue est un méchant très vraisemblable. Quoi de plus banal qu'un homme qui reconnaît ses crimes tout en les attribuant à un fatum aveugle ? Cette incohérence est même le propre du mal. Le méchant est responsable, sans doute, puisqu'il est conscient de ses actes. Mais il est aussi aliéné, et obscur à lui-même, sans quoi il ne serait plus esclave de ses pulsions et deviendrait vertueux. En un sens, donc, *Les Bienveillantes* jettent quelques lueurs sur la nature du mal. Mais ces lueurs sont aussi faibles et trompeuses que la conscience d'Aue. Étranger à lui-même, ce dernier ne peut guère faire comprendre au lecteur ce qui l'a poussé à devenir un criminel. Contrairement aux héros de la tragédie grecque, auxquels il aimerait pouvoir se comparer, il ne dispose d'aucune loi légitime pour justifier ses actes. Oreste et Antigone sont partiellement excusables, parce qu'ils ont agi par piété filiale ou sororale. Aue ne peut se référer qu'à la volonté arbitraire du Führer. On comprend donc mal pourquoi il continue, jusqu'à la fin, à collaborer consciencieusement au génocide.

Et son obstination est d'autant plus étrange qu'il n'a rien d'un fanatique. Il donne plutôt l'impression de faire son travail froidement, sans conviction et sans désir. Ce n'est pas qu'il soit un bureaucrate sans âme. Vers le début du roman, alors que commence l'extermination des juifs en Ukraine, il mentionne une « passion de l'absolu et du dépassement des limites » qui le hante depuis l'enfance. Mais cette explication n'est guère satisfaisante, car il y a d'autres manières de dépasser ses limites que de collaborer à un génocide. D'ailleurs, ce dépassement-là ne dépasse rien du tout : les meurtres de masse ne sont que l'éternelle répétition de la même horreur. Et c'est pourquoi, tel l'élève Törless, Aue est assez vite dégoûté du spectacle ignoble qui l'avait d'abord fasciné. Contrairement au personnage de Musil, pourtant, il ne sort pas de son abjection. Chez cet homme raffiné, presque sympathique par moment, une étonnante pulsion meurtrière se découvre peu à peu, qui ne fait que croître jusqu'à la fin de la guerre. On devine qu'elle est liée à une obscure tragédie familiale : mystérieuse disparition du père, amours incestueuses entre le jeune Aue et sa sœur jumelle, haine envers la mère et le beau-père… Jonathan Littell paraît avoir fabriqué cette histoire croustillante pour donner quelque vraisemblance au comportement criminel de son personnage. Tout cela nous éloigne considérablement du nazisme, et c'est bien dommage, car *Les Bienveillantes* comportent par ailleurs une foule de réflexions intéressantes sur la guerre totale, l'antisémitisme, le colonialisme, la haine de soi des Allemands.... On aurait aimé que ces pensées soient davantage incarnées. Moins cérébrales, plus animées par la passion et l'inquiétude métaphysique, *Les Bienveillantes* auraient pu être au nihilisme nazi ce que *Les Possédés* sont au nihilisme russe. Les deux romans, d'ailleurs, ont été comparés. Mais Aue n'est pas Stavroguine, et son immense monologue n'a pas la fébrilité bouleversante des dialogues de Dostoïevski.

JORDI GRAU

1968 : naissance.

1994 : agrégation de philosophie.

Depuis 2008 : enseigne au Lycée Jean Moulin, à Forbach (Moselle).

La mécanique des cœurs
Une lecture de Les Moustaches de Staline de François Céresa

par Roman Klonowski

Les Moustaches de Staline. Souvent un titre donne des indications ; celui-ci intrigue. Il est inattendu. Il est original, comme son auteur. Né à Cannes en 1953, François Cérésa a été tour à tour maçon, peintre, menuisier, livreur, chauffeur de maître, démarcheur, cover boy, étudiant en médecine, titulaire d'un deug de philosophie en cours du soir, assistant sur des plateaux de cinéma, étudiant en art dramatique au cours Simon, militaire et enfin journaliste. Une biographie ne fait pas un écrivain, mais elle campe tout de même un homme. Avec celle-ci, on est loin des fils à papa, des intellectuels crottineurs et des snobs parisiens.

Il n'est pas étonnant que François Cérésa se soit d'abord illustré par un style célinien. En 1990, son quatrième roman, *La Vénus aux fleurs*, obtenait le prix Paul Léautaud. Vingt ans après, paraissent *Les Moustaches de Staline*. Ces deux livres se ressemblent comme des frères. Ysé est devenue Yvonne, mais qu'est-ce qu'un prénom ? Ici madame, là mademoiselle, Y. est toujours aussi blonde, séductrice séduisante cachant ses fêlures. L'écriture est une variation sur un ou deux thèmes que l'on porte en soi. Le reste est du bavardage. François Cérésa s'intéresse aux sentiments. Il parle des femmes, comme on parle des choses qu'on connaît bien : sans mièvrerie, mi-amusé, mi-séduit.

D'un livre à l'autre, de *La Vénus aux fleurs* aux *Moustaches de Staline*, il y a bien sûr des différences. Le ton est désormais plus grave. Le style s'est allégé. C'est sur un fond de langue classique, d'une élégante simplicité, que François Cérésa se laisse aller au plaisir de l'invention, de l'argot, des comparaisons inattendues. Quelques exemples ? Des « cabines alignées comme des horse-guards », une « cambrure à fendre un samovar », une grimace « comme s'il avait croqué à pleines dents dans une ampoule allumée » et, surtout, Garance « douce comme un édredon, souquée par le chagrin ». Le style de François Cérésa est vif et imagé. Il est aussi original. Dans *Les Moustaches de Staline*, l'auteur systématise les comparaisons cinématographiques : « Yvonne me souriait, me regardant comme Candice Bergen regardait Steve McQueen. » De telles phrases servent son propos : leur force d'évocation transporte le lecteur dans les années soixante-dix. Les années dont se souvient le narrateur. On s'y croirait. François Cérésa ne se contente pas d'utiliser, comme autant de métaphores, les scènes fameuses du cinéma. Il reprend aussi le thème d'un film célèbre : les amours triangulaires de *Jules et Jim*. Le chef-d'œuvre de François Truffaut. Mais il n'imite pas : il s'approprie, il enrichit. Ce sont deux trios qu'il met en scène : d'un côté, Yvonne, son mari et son amant ; de l'autre, Jean, Garance et sa mère Yvonne. Yvonne, toujours Yvonne. Elle est au centre des attentions. Tous tournent autour d'elle. Jusqu'au moment où la mécanique des cœurs s'enraye…

Si *Les Moustaches de Staline* se distingue par son style et l'originalité de ses procédés, sa construction n'en est pas moins réussie : le dialogue entre les souvenirs et le présent de Jean, le narrateur, les questions lentement élucidées, la tension qui va croissant, tout est très maîtrisé. On peut seulement regretter que le roman ne se close pas sur la scène bouleversante du chapitre XXVII. « Avec Yvonne dans cet état, tout se terminait. Les rêves. Les nostalgies. La fin des inconsciences. » C'eût été une fin magnifique, à laquelle les huit dernières pages n'ajoutent rien.

ROMAN KLONOWSKI

1958 : naissance en Pologne.

1975 - 1990 : enseigne la littérature à l'Université de Varsovie.

1991 : s'installe en France.

Depuis 1992 : travaille au Conseil de l'Europe.

Au fond, malgré son titre et ses phrases pleines d'esprit, le livre de François Cérésa a quelque chose de déchirant. Il dit trop bien le temps qui passe, la nostalgie et les regrets. Tony Duvert note : « Je garde un désir inguérissable pour quelques êtres que, jadis, je n'ai pas su approcher ou convaincre. Ou ceux qui disparurent avant que j'aie assez joui d'eux. » C'est le thème des *Moustaches de Staline*. François Cérésa écrit plus sobrement : « On n'aime pas les choses qui vous échappent. » C'est vrai, mais cela n'empêche pas d'y penser sans cesse.

L'ARGILÈTE

BULLETIN D'ABONNEMENT À

L'ARGILÈTE

REVUE DES ARTS ET DES LETTRES

REVUE ANNUELLE

prochain numéro - janvier 2010

Prix unitaire : 25 euros, franco de port

ABONNEMENT

Je désire m'abonner à la revue **L'ARGILÈTE**

France	2 ans (2 numéros)	40 €
Étranger	2 ans (2 numéros)	45 €

Prix franco de port.
Chèques à libeller à l'ordre des Éditions Hermann.

Nom ou raison sociale : ....

Adresse :...

....

....

Ville : ....

Code postal : .... Pays :..

Téléphone : .... Courriel : ....

Ci-joint, un chèque d'un montant de .... €

HERMANN ÉDITEURS,
6 RUE DE LA SORBONNE, 75005 PARIS — FRANCE

Si vous souhaitez nous faire part de vos remarques ou de vos suggestions, merci de nous écrire à :

L'ARGILÈTE
Éditions Hermann
6, rue de la Sorbonne
75005 Paris — FRANCE

ou par courriel à : argilete@editions-hermann.fr

Si vous souhaitez nous soumettre vos textes, merci de nous faire parvenir une version imprimée à l'adresse indiquée ci-dessus.

Les textes transmis par courriel ne seront pas lus, et les manuscrits non retenus pour publication ne seront pas retournés.

TABLE DES MATIÈRES

EDITO

LITTÉRATURE

DOSSIER SUR LA VALEUR LITTÉRAIRE : PEUT-ON ÉVALUER UN TEXTE LITTÉRAIRE ?

ÉLÉMENTS DE RÉFLEXION

ENTRETIENS

GROS PLAN SUR UN ARTISTE

LECTURES

sepec
L'imprimerie spécialisée dans le livre

Achevé d'imprimer sur les presses de la
SEPEC
1 rue de Prony - 01960 PERONNAS

www.sepec.com

Tél : +33 (0)4 37 62 11 06

Dépôt légal : Décembre 2008

IMPRIM'VERT®